hänssler

KURT SCHERER

Wenn die Seele nicht mehr singt

Kurt Scherer, Jahrgang 1938, verheiratet, drei erwachsene Söhne, Pastor i. R. der Evangelisch – methodistischen Kirche, war zehn Jahre im Gemeindedienst tätig.
Er nahm dann eine Berufung des Evangeliums-Rundfunks International e.V., Wetzlar, an, wo er zunächst als Chefredakteur und dann als stellvertretender Direktor mit den Bereichen Seelsorge und Fernsehen tätig war.
Er ist Mitbegründer des »Deutschen Arbeitskreises für Biblische Seelsorge e.V.«, Beiratsmitglied in der »Deutschen Gesellschaft für Biblisch-Therapeutische Seelsorge«, Mitbegründer und 1. Vorsitzender des «Glaubenshofes Cyriaxweimar e.V.«, einer sozial – therapeutischen Lebensgemeinschaft.

ISBN 3-7751-2453-5

hänssler-Paperback
Bestell-Nr. 392.453

© Copyright 19976 by Hänssler-Verlag, Neuhausen-Stuttgart
Umschlaggestaltung: Stefanie Bunner
Titelfoto: Claude Monet, Portrait de Suzanne avec des tournesols, 1890 aus Privatbesitz
Satz: AbSatz Ewert-Mohr, Klein Nordende
Printed in Germany

Die Bibelstellen sind nach »Hoffnung für alle«, Brunnen Verlag (*) bzw. Luther '84 zitiert.

Inhalt

Vorwort

Der durch seine über 2000 seelsorgerlichen Rundfunksendungen über den Evangeliums-Rundfunk bekannte Autor legt hier sein neuestes **»Handbuch der praktischen Seelsorge«** vor. Es könnte den Untertitel tragen: »Aus der Praxis für die Praxis«.

Kurt Scherer war langjähriger Leiter der Abteilung Seelsorge des Evangeliums-Rundfunks. Einfühlsam, sensibilisiert durch persönliche Betroffenheit, sehr offen für die Nöte der Menschen, die er mit Heilsangeboten des Evangeliums in Beziehung bringt, geht er auf Themen ein, die heute insbesondere den einzelnen Menschen als ein geschichtliches Wesen umtreiben und in Frage stellen. Doch ist der Einzelne immer auch Glied einer Gruppe, einer Familie, als Christ immer auch Glied der Gemeinde Jesu:

In dieser vielfältigen Bezogenheit zeigen sich vielfache Lebensprobleme, die in Psychologie und Seelsorge wahrgenommen werden können. Das »Störungsbild der Depressionen« in seinen vielfältigen Formen wird in dem vorliegenden Buch nicht so sehr im Sinne einer medizinischen Krankheitslehre, sondern eher als Ausdruck gestörter Beziehungserfahrungen abgehandelt, die dann auch zu schwerwiegenden psychischen Symptomen führen. Kurt Scherer zeigt Formen und Kennzeichen, Hilfen und Heilungsmöglichkeiten auf. Hierbei wird deutlich: Nur wer die Macht seiner Gedanken, seiner Gefühle und das damit verbundene Leid und den Schmerz wahrnehmen, annehmen und aushalten kann, der kann auch entscheidend existentielle Heils- und Heilungserfahrungen machen. In diesem Lebensprozess gestalten sich die Reifezeiten des Menschen: Reife Zeiten des Lebens.

Scherers jahrzehntelange seelsorgerliche Erfahrung, seine Behutsamkeit und Ausgewogenheit bei der Beurteilung von Konflikten sowie sein kompetentes Sachwissen sind für den Leser spürbar und werden wohltuend empfunden. Sie schaffen Vertrauen und gestalten beim betroffenen Leser die Erwartung: Auf diese Angebote möchte ich mich einlassen.

Kurt Scherer lebt in der Beziehung zu seinen Mitmenschen, die ihn als Hilfesuchende um Rat fragen; aber er lebt auch mit der Bibel: Orientiert an dem vielfältigen Heilsangebot Christi. Seine »Menschensorge« findet konkrete Auswirkungen in seinem Engagement des Glaubenshofes Cyriaxweimar; einer Lebensgemeinschaft für sozial-therapeutische Seelsorge. Hier wird jungen Menschen eine ganzheitliche Hilfe für Geist, Seele und Leib angeboten.

Wer sich auf die in diesem Buch dargelegten Lebens- und Glaubenshilfen einlässt, kann erleben, bei anderen und auch bei sich selbst:

Die Seele darf wieder lernen zu singen!

Oberursel, im Februar 1997

Dr. Erwin Scharrer
Nervenarzt – Psychotherapie
Chefarzt der Abteilung Psychiatrie,
Klinik Hohe Mark, Oberursel/Ts.

Der Begriff »Seele« in der Bibel

Seele – ein Begriff, der in der Theologie, Philosophie und Psychologie, aber auch in den Religionen und der modernen Naturwissenschaft ganz unterschiedlich definiert wird.

Über 300 Jahre lang sah die Naturwissenschaft den Menschen als zweiteiliges Wesen: Leib und Seele galten nach der Lehre des französischen Philosophen René Descartes als voneinander unabhängige, klar getrennte Bereiche. Inzwischen aber weiß man aufgrund neuster Forschungsergebnisse: Leib und Seele stehen über biochemische Botenstoffe in ständiger Korrespondenz miteinander. Wir spüren, wenn wir darauf achten, diese Wechselbeziehungen selbst. Geht es uns seelisch gut, fühlen wir uns auch körperlich besser. Wird unser Leben dagegen von Kummer, Krisen und Konflikten bestimmt, ist auch unser körperliches Wohlbefinden eingeschränkt. Wir leiden dann an psycho-somatischen, psycho-vegetativen Störungen, an Beschwerden, die keine organischen Ursachen haben.

Diese Erkenntnis ist für das Wohl des Menschen eine hilfreiche. Doch den Dualismus von Leib und Seele teilt die Bibel nicht. Die Bibel sieht den Menschen anders. Sie sieht ihn als *drei in eins, Geist, Seele, Leib*. Als biblische Hauptaussage gilt 1. Thessalonicher 5, 23: *»Er aber, der Gott des Friedens, heilige euch durch und durch und bewahre eueren Geist ganz samt Seele und Leib unversehrt, untadelig für die Ankunft unseres Herrn Jesus Christus.«*

Im Schöpfungsbericht (1. Mose 2, 7) finden wir bereits diese Aussage:

* Gott schafft aus der Materie den Leib des Menschen; er bildet ihn aus Erde. Damit wird unsere menschliche Erdverbundenheit dokumentiert. Gott verleiht uns die Fähigkeit der fünf Sinne: Sehen, Hören, Tasten, Riechen und Schmecken.

* Zu einem lebendigen Wesen wird aber der aus Erde geformte Mensch erst durch die Einhauchung des göttlichen Lebensodems.

Gott haucht in den Leib, die gestaltete Materie, den Odem der Leben (Mehrzahl, wie einige Ausleger meinen). Der Materie lässt er Immaterielles innewohnen. Erst der mit dem Körper sich verbindende Odem macht den Menschen zum Lebewesen, personifiziert ihn. Die Seele bekommt die Fähigkeit des Denkens, Fühlens und Wollens.

* Die Fähigkeit zum physischen wie psychischen (körperlichen wie seelischen) Leben, also Lebewesen zu sein, kommt direkt von Gott. Sein Geist (1. Mose 1, 2) bewirkt gestaltetes Leben. Der Geist des Menschen ist dadurch mit der Fähigkeit zur Erleuchtung durch Gott, zur Gemeinschaft mit ihm und zur Eingliederung in Gottes Absichten und Wirken ausgestattet. Der Mensch hat sein Sein von Gott.

Der Mensch *ist* Geist, Seele und Leib, drei in eins. Alle drei, obwohl in sich eigenständig, nehmen doch Einfluss aufeinander, korrespondieren miteinander, inspirieren einander. Die Seele, das Subjekt des Menschen, mit Denken, Fühlen und Wollen, ist eng verbunden mit dem Leib, dem Objekt des Menschen, mit seinen fünf Sinnen. Sie nimmt über den Initiator und Inspirator, den Geist, Einfluss auf den Leib und übernimmt damit eine Vermittlerrolle zwischen Leib und Geist. Für alle drei sorgt Gott:

* Für den Leib, die Kreatürlichkeit des Menschen,
* für die Seele, die Persönlichkeit des Menschen,
* für den Geist, die Gottebenbildlichkeit des Menschen.

Geist, Seele und Leib bezeichnen also nicht Bestandteile des Menschen, sondern die eine menschliche Lebendigkeit.

Trotzdem beschreiben in der Bibel von Stelle zu Stelle Geist, Seele und Leib verschiedene Inhalte. Oft steht Geist, wo auch Seele stehen könnte und umgekehrt. Das gilt auch für den Begriff Leib, wo Geist oder Seele stehen könnte (Ps 6, 3; 51, 10; 84, 3). Dieser fliessende Gebrauch zeigt auf seine Weise die unaufspaltbare Einheit des Menschen. Trotz dieses vorhandenen Austauschs heben sich die einzelnen Begriffe voneinander ab, wenn man die Gesamtheit der biblischen Aussagen auf sich wirken lässt.

Der Begriff Geist beschreibt mehr als die anderen Ausdrücke den Menschen als einzelnes Ich, das vor Gott und vor Menschen und in der Welt steht und dabei richtig oder falsch wertet, urteilt, plant, versteht, will. Er weist auf die Gottebenbildlichkeit hin: »Und Gott schuf den Menschen zu seinem Bilde...« (1. Mose 1, 27).

Seele lässt sich sehr oft mit Leben übersetzen und zeigt uns mehr als die anderen Begriffe den Menschen als ein auf Gemeinschaft mit Gott und Menschen angelegtes Du mit allen sich daraus ergebenden Freuden, Gefühlen, Wünschen, Strebungen, Schmerzen, Enttäuschungen. Im Schöpfungsbericht lesen wir: »Da machte Gott der Herr den Menschen aus Erde vom Acker, und blies ihm den Odem des Lebens in seine Nase. Und so ward der Mensch ein lebendiges Wesen« (1. Mose 2, 7).

Der Begriff Leib zeigt uns den Menschen als eine Gestalt, als stofflichen Organismus. Gefühle und Wünsche ordne ich primär der seelischen Weise der Lebendigkeit zu; die Bibel kennt aber auch geistiges Fühlen und Wünschen. Ein Wollen regt sich sowohl in der geistigen als auch in der seelischen Weise unserer Lebendigkeit. Den Intellekt sehe ich als eine Befähigung unserer geistigen Lebendigkeit.

Durch den Sündenfall, die Eigenwilligkeit des Menschen (vgl. 1. Mose 2, 17; 3, 4.5), der zum Vertrauensbruch Gott gegenüber führt, ist der Geist sterbend. Die Bibel spricht vom Geist nur noch als von einem glimmenden Docht (Jes 42, 3; 61, 3b; Mt 12, 20; Eph 2, 1). Die Folge ist eine Störung bzw. Trennung in der Beziehung des Geistes zur Seele. Seele und Leib sind nun anders als bisher aufeinander angewiesen. Der Mensch wird zum psychosomatischen Menschen. Nun haben wir den Dualismus, der in der Psychologie und Philosophie bis heute gelehrt wird. Doch wenn man den Menschen nur mit diesen zwei Komponenten ausgestattet sieht, bleibt die Frage unbeantwortet, wer sein Leben bestimmt. Das Chaos, die Sinn- und Ziellosigkeit des Menschen, ist damit vorprogrammiert. Denn Werte, Normen, Sinn und Ziel seines Lebens kann er unmöglich aus sich selbst nehmen.

Durch den Ungehorsam des Menschen kommt es also zur Beziehungsstörung zwischen Gott, dem Schöpfer, und dem Menschen, seinem Geschöpf. 1. Mose 2, Vers 17 beschreibt diesen Tatbestand. Gott sagt: »...aber von dem Baum der Erkenntnis des Guten und des Bösen sollst du nicht essen; denn an dem Tage, da du von ihm isst, musst du des Todes sterben.« Satan, der Widersacher Gottes, behauptet das Gegenteil: »Keineswegs werdet ihr des Todes sterben, sondern Gott weiss: an dem Tage, da ihr davon esset, werden eure Augen aufgetan, und ihr werdet sein wie Gott, und wissen was gut und böse ist« (1. Mose 3, 4.5). Und der Mensch fällt darauf rein. Ihm gehen die Augen auf! Die Folge ist: An die Stelle des eingehauchten Geistes Gottes als Inspirator und Initiator des Lebens mit Gott, dem Schöpfer, tritt nun der Geist Satans. Er wird zum Initiator der Rebellion und Eigenwilligkeit, der nun seinerseits zerstörenden Einfluss auf die Seele und den Leib des Menschen nimmt. Dadurch entspricht der Mensch nicht mehr dem Ebenbild Gottes. Gott selbst stellt das nun fest: »Das Dichten und Trachten des menschlichen Herzens ist böse von Jugend auf« (1. Mose 8, 21). »Es ist das Herz ein trotzig und verzagt Ding« (Jer 17, 9). Es ist die Geburtsstunde der Sünde im Leben des Menschen.

Das bleibt nicht ohne negative Auswirkungen in der Lebensgestaltung. Paulus schreibt dazu: »Darum ... lasst euer Leben vom Heiligen Geist bestimmen. Wenn er euch führt, werdet ihr allen selbstsüchtigen Wünschen und Verlockungen widerstehen können. Denn, selbstsüchtig wie wir sind, wollen wir immer das Gegenteil von dem, was Gottes Geist will. Doch der Geist Gottes duldet unseren Egoismus nicht. Beide kämpfen gegeneinander, so dass ihr nicht ungehindert tun könnt, was ihr wollt. Wenn ihr aber aus der Kraft des Heiligen Geistes lebt, seid ihr den Forderungen des Gesetzes nicht länger unterworfen. Gebt ihr dagegen euern selbstsüchtigen Wünschen nach, ist allen klar, wohin das führt: zu einem sittenlosen Leben, Unzucht und hemmungsloser Zügellosigkeit, zur Anbetung selbstgewählter Idole und zu abergläubischem Vertrauen auf übersinnliche Kräfte. Feindseligkeit, Streitsucht, unberechenbare Eifersucht, Intrigen, Uneinigkeit und Spaltungen bestimmen dann das Leben ebenso wie Neid, Trunksucht, üppiges Gelage und ähnliche Dinge. Ich habe es schon oft gesagt und warne euch hier noch einmal: Wer so lebt, wird niemals in Gottes Reich kommen« (Gal 5, 16-21*; vgl. auch 1. Joh 3, 10; Eph 2, 2.3; Joh 8, 44).

Der Mensch steht nun in der Entscheidung. Gottes Liebe schafft den Weg, dass der Geist des Menschen, wenn er Gottes Einladung in seine Gemeinschaft folgt, wieder unter Gottes ewiges Leben spendenden Einfluss kommen kann: »Denn Gott hat die Menschen so sehr geliebt, dass er seinen einzigen Sohn für sie hergab. Jeder, der an ihn glaubt, wird nicht verloren gehen, sondern das ewige Leben haben« (Joh 3, 16 *; vgl. Jes 53, 4 - 7.10). Wer eine Willensentscheidung trifft und sein Vertrauen diesem Jesus Christus gibt, Gott um Vergebung für seine Rebellion gegen ihn bittet, kommt wieder unter den heilsamen Einfluss des Geistes Gottes und bekommt Anteil am ewigen Leben Gottes. Gottes Geist gibt dem menschlichen Geist Zeugnis, dass er Gottes Kind ist (Röm 8, 16 *) und nicht mehr nur sein Geschöpf. »Gottes Geist selbst gibt uns die innere Gewissheit, dass wir Gottes Kinder sind.« Der alte Rechtsstand, der vor dem Sündenfall seine Gültigkeit hatte, wird dadurch wieder hergestellt: »Christus ist deshalb für alle gestorben, damit alle, die durch seinen Tod das Leben geschenkt bekamen, nicht länger für sich selbst leben. Ihr Leben soll jetzt Christus gehören, der für sie gestorben und auferstanden ist... Gehört jemand zu Christus, dann ist er ein neuer Mensch. Was vorher war, ist vergangen, etwas Neues hat begonnen. All dies verdanken wir Gott, der durch Christus mit uns Frieden geschlossen hat... indem er den Menschen ihre Sünden nicht länger anrechnet, sondern sie vergibt« (2. Kor 5, 15.17.18a.19a*). Durch das Sterben Jesu am Kreuz von Golgatha ist der Rechtsanspruch Satans ein für allemal bezahlt.

Nicht durch einen Schöpfungsakt wie bei der Erschaffung des Menschen, sondern durch einen Zeugungsakt (Joh 3) wird der glimmende Docht des Geistes des Menschen wieder zum Leben erweckt. Der Mensch kann, wenn er will und das Angebot Gottes annimmt, aus der Krone der Schöpfung (Joh 1, 12; 1. Mose 1, 27 - 31) zum Kind Gottes werden! Durch den Geist Gottes wird er neu inspiriert, erleuchtet und kann wieder in Gemeinschaft mit Gott leben, offen sein für dessen Wirken in ihm und durch ihn. Nicht mehr die Seele hat dann das Sagen, sondern der Geist Gottes übernimmt es und wirkt dadurch wieder heilsam auf Seele und Leib ein. Der Mensch kommt wieder in die gottebenbildliche Dreiheit.

Im Blick auf die Gestaltung unseres Lebens ist es also entscheidend, von welcher Weltanschauung wir geprägt sind. In meiner über dreißigjährigen Seelsorgepraxis habe ich erfahren, dass ein Heilwerden des ganzen Menschen immer dann beginnt, wenn sich der Mensch bewusst willentlich dem Wirken des Geistes Gottes öffnet und unterstellt. Dann wird seine Seele heilsam beeinflusst und das hat auch heilende Auswirkungen auf den Leib. Dies ist oftmals ein längerer Prozess, der nicht ohne den Willen des Menschen abläuft. Heilung der Seele und Heilung des Leibes stehen in enger Beziehung und Wechselwirkung zueinander, wobei der Leib im Gegensatz zur Seele seine volle Heilung erst nach dem Sterben durch den himmlischen Geistleib bekommt (1. Kor 15, 35 - 49). Durch die Gemeinschaft mit Gott bekommt der Mensch wieder Anteil am Leben Gottes, dem ewigen Leben, das kein Tod töten kann (Joh 11, 25 - 26). Das durch den Tod hindurch Bleibende ist nicht die unsterbliche Seele, sondern es ist allein das ewige Leben. Gott gewährt dieses dem an seinen Sohn Jesus Christus Glaubenden jetzt schon im irdischen Dasein (Joh 5, 24).

Die Seele aber soll und kann Ihre Ausheilung schon in diesem Leben erfahren, so dass der Mensch sprechen kann: »Meine Seele ist genesen« (1. Mose 32, 31). Dies geschieht, wenn ein Mensch durch Jesus Christus Frieden mit Gott findet und dadurch das neue Leben aus Gott sich in ihm entfaltet. Er wird sich durch Gottes Wort und Geist umgestalten lassen in seinem Denken, Wollen und Empfinden, was dann seine Auswirkungen in seinem Sprechen und Verhalten, seinem Tun und Lassen hat. Nochmals Paulus: »Dagegen bringt der Heilige Geist in unserem Leben nur Gutes hervor: Liebe und Freude, Frieden und Geduld, Freundlichkeit, Güte und Treue, Besonnenheit und Selbstbeherrschung« (Gal 5, 22 *).

Diese Thematik wird in den folgenden Beiträgen entfaltet. Sie sind allgemein verständlich geschrieben und sollen den Zweck erfüllen, einerseits vorbeugende Maßnahmen zu ergreifen, andererseits durch Informationen Zusammenhänge zu erkennen und anzugehen, »wenn die Seele nicht mehr singt«. Sie wurden überwiegend bereits als Sendungen im EVANGELIUMS-RUNDFUNK (Mittelwelle Monte Carlo 1467 kHz, ERF-ASTRA-Satellit 11, 038 GHz v / 7, 38 MHz, 21.30 Uhr) ausgestrahlt, z. T. gibt es sie auch auf Kassette, außerdem wurden sie schon bei Seminaren für Konfliktbewältigung und biblische Lebensgestaltung behandelt. Das Echo darauf war so groß, dass sie nun auf Wunsch vieler Hörer zusammengefasst schriftlich vorliegen.

Ich wünsche Ihnen von Herzen hilfreiche Einsichten und den Willen, sie mit Gottes Hilfe in die Tat umzusetzen.

Ihr

Kurt Scherer

Literatur:

H. W. Wolff, *Anthropologie des AT,* 1973, Seiten 25-48

G. Hennig, *Die geistliche Dimension der Seelsorge,* Theol. Beiträge 2/1979, Seiten 54 f.

Gerhard von Rad, *ATD, Das erste Buch Mose,* Seiten 61 f.

Kleines Psycho-Lexikon

AFFEKT:
Stärkere, meist nur kurz anhaltende Gemütsaufwallung, z. B.: Freude, Angst, Verzweiflung, Ärger, Zorn, Stolz, Hass ... mit körperlichen Begleiterscheinungen.

AKUT:
Schnell im Auftreten, heftig im Verlauf, oft gefährlich.

AMBIVALENZ:
Doppelwertigkeit.

ANAMNESE:
Vorgeschichte eines Kranken.

ANGST:
Unangenehmer gefühlsmäßiger Zustand mit meist körperlich beeinträchtigenden Begleiterscheinungen.

ANTI-
DEPRESSIVA:
Arzneimittel gegen Depressionen.

ANOREXIE:
Essstörung, Magersucht.

ANTRIEBS-
STÖRUNG:
Störung der seelisch-körperlichen Aktivität.

APATHIE:
Gefühllos, teilnahmslos.

BULIMIE:
Fresssucht mit anschließendem Erbrechen.

DEPRESSION:
Gemütserkrankung, Zustand seelischer Niedergeschlagenheit und Traurigkeit.

DIAGNOSE:	Erkennung und Urteil des Arztes, welche Krankheit den Patienten befallen hat.
EMOTION:	Gemütsbewegung, Gefühl, Affektinhalt.
ENDOGEN:	Alles, was im Körper selbst entsteht, von innen kommt.
EUPHORIE:	Übersteigertes Wohlbefinden; kann künstlich durch chemische Substanzen ausgelöst werden.
EXOGEN:	Von außen entstanden; von außen aus der Umwelt kommend.
FRUSTRATION:	Enttäuschung durch erzwungenen Verzicht oder Versagung von Befriedigung.
FUNKTIONELLE STÖRUNGEN:	Seelisch-körperliche bzw. nur körperliche Beschwerden, die durch seelische/psychosoziale Belastungen entstanden sind, ohne dass eine organische Ursache vorliegt.
GENESE:	Entstehung, Ursache.
HYSTERIE:	Eine vom Normalen abweichende seelische Reaktionsweise.
HYPNOSE:	Durch Suggestion herbeigeführter schlafähnlicher Bewusstseinszustand.
IDENTITÄT:	Völlige Gleichheit.
INDIKATION:	Heilanzeige, d. h. Anlass zur Verordnung eines bestimmten diagnostischen oder thera-

peutischen Verfahrens in einem bestimmten Krankheitsfall.

INNERE
KÜNDIGUNG: Reaktion auf meist berufliche Schwierigkeiten; Verweigerung der Arbeitsinitiative. Im Volksmund: »Dienst nach Vorschrift«.

KOGNITIV: Erkenntnis betreffend, verhaltensorientiert denken.

MANIE: Abnormer Gemütszustand, z. B.: Antriebsüberschuss, kein Schlafbedürfnis, Enthemmung, Selbstüberschätzung, gesteigertes körperliches Wohlbefinden.

MEDIZIN: Die Wissenschaft vom gesunden und kranken Menschen, von den Ursachen, den Wirkungen, der Vorbeugung und Heilung der Krankheiten.

MINDERWERTIG-
KEITSGEFÜHLE: Allgemeine Unsicherheit, mangelndes Selbstwertgefühl, negative Selbsteinschätzung.

NEUROLOGE: Spezialist für Krankheiten des Nervensystems.

NEUROLOGIE: Die Lehre von den Nerven und ihren Erkrankungen, organische Veränderungen des Nervensystems.

NEUROSE: Umgangssprachlicher Sammelbegriff für seelische Leiden und daraus resultierende Zwangshaltungen und -handlungen. Keine Erbanlage.

ORGANISCH:	Aus Zellen und Geweben zusammengesetzte Teile des Körpers.
PARANOIA:	Chronischer Wahn, z. B.: Eifersuchts-, Beziehungs- oder Verfolgungswahn.
PHOBIE:	Nicht steuerbare zwanghafte Angst vor an sich ungefährlichen Tieren (z. B.: Spinnen, Hunden) und Situationen (z. B.: Menschenmengen, geschlossenen Räumen, Höhen).
PLACEBO:	Scheinpräparat ohne tatsächlichen Wirkstoff.
PRÄVENTION:	Vorbeugung.
PSYCHE:	Seele.
PSYCHOGEN:	Auf seelischen Ursachen beruhend.
PSYCHO-ANALYSE:	Heilverfahren zur Untersuchung und Behandlung seelischer Vorgänge, die, weil unbewusst, sonst kaum zugänglich sind. Spezielle Form der Psychotherapie.
PSYCHO-PHARMAKA:	Sammelbegriff für Arzneimittel, die psychische Veränderungen bzw. Verhaltensveränderungen hervorrufen.
PSYCHIATER:	Facharzt für Nervenkrankheiten und seelische Leiden.
PSYCHOLOGE:	Seelenkundiger. Noch ungeschützter Beruf, Diplompsychologen haben ein abgeschlossenes Studium.

PSYCHOLOGIE:	Die Lehre vom menschlichen Sein bzw. dem menschlichen Erleben und Verhalten.
PSYCHOSE:	Hoher Grad von Gestörtheit der geistigen und seelischen Funktionen, bei welcher der Betroffene nicht mehr zwischen Wahn und Wirklichkeit unterscheiden kann.
PSYCHO-SOMATIK:	Lehre von den seelisch-körperlichen Wechselwirkungen.
PSYCHO-THERAPIE:	Behandlung seelisch kranker Menschen mit psychologischen Mitteln.
PSYCHO-THERAPEUT:	Darf sich in Deutschland bislang jeder nennen. Falls das Pychotherapeutengesetz verabschiedet wird, dürfen nur noch Leute mit Psychologie- oder Medizinstudium und staatlich anerkannter Therapieausbildung den Titel »psychologischer Psychotherapeut« führen.
PSYCHO-VEGETATIV:	Psychische Einflüsse auf das vegetative (autonome) Nervensystem, das dem Willen nicht unterliegt.
REGENERATION:	Gewebserneuerung nach Verletzungen und zehrenden Krankheiten; Stabilisierung des Gesundheitszustandes.

REHABILI-
TATION: Wiedereingliederung von kranken Menschen in die Gesellschaft.

SCHIZO-
PHRENIE: Spaltung der Persönlichkeit.

SCHULD-
GEFÜHLE: Überbewertung früherer oder aktueller Ereignisse, häufig maßlos überzogen, nicht
selten grundlos.

SEDATIVA: Generell beruhigende Medikamente.

SEDIEREN: Beruhigen, ruhigstellen, dämpfen.

STIMMUNG: Länger andauernde Gemütsverfassung, meist
abhängig von der seelisch-körperlichen Grund-
verfassung.

SUIZID: Selbstmord.

SYMBIOSE: (Über)enge menschliche Beziehung.

SYMPTOM: Krankheitszeichen.

SYNDROM: Verschiedene seelische und/oder körperliche
Symptome.

TRANQUILIZER: Beruhigungsmittel; eine Gruppe von Medikamenten zur Beruhigung nervöser, ängstli-
cher, aufgeregter oder unruhiger Patienten.

TRAURIGKEIT: Niedergedrückte Stimmung nach schwerem
Verlust bzw. Schicksalsschlag.

VEGETATIV: Die Funktion des nicht willentlich beein-
flussbaren Nervensystems.

VEGETATIVE
DYSTONIE: Bezeichnung für eine Vielzahl von Symptomen, die auf Fehlregulation des vegetativen
Nervensystems beruhen und Funktionsstörungen mannigfacher Art zur Folge haben:
Herzklopfen, Herzangst, Schwindel, Kopfschmerzen, Unruhe, Schlafstörungen, Ab-
geschlafftheit, Magenbeschwerden.

VERHALTENS-
THERAPIE: Besondere Form der Psychotherapie, bei der
man davon ausgeht, dass gestörtes Verhalten
primär lernbedingt ist und daher auch wieder »verlernt« werden kann.

ZWÄNGE: Alles beherrschende Gedanken, Befürchtungen oder Handlungen, die als persön-
lichkeitsfremd und/oder unsinnig erkannt
werden, und denen man dennoch nicht ent-
kommen kann (Grübel-, Wasch-, Kontroll-,
Ordnungszwang).

Psychotherapeutische Hilfen

Es gibt derzeit über 70 anerkannte Psychotherapieformen. Viele Methoden sind wissenschaftlich überprüft. Sie wirken und helfen. Man kann sie mit der Medizin vergleichen. Der Mediziner weiß um die Funktion der Organe, wie z. B. Herz, Niere, Lunge usw. arbeiten. Er weiß, wie der Kreislauf, das Gehirn, die Nerven funktionieren. Der Psychotherapeut weiß ähnlich wie der Arzt, wie sich ein Mensch bei Ängsten, Depressionen, Süchten verhält.

Wie es medizinische Grundregeln gibt, gibt es diese auch im psychischen Verhalten. Dass die Spritze des Arztes hilft, liegt nicht primär am Arzt, sondern daran, dass er weiß, was er spritzt – und weil Gott es will.

Wenn das Gespräch mit dem Psychologen / Psychotherapeuten hilft, dann liegt es auch daran, dass er erprobtes Wissen weitergibt – und weil Gott helfen will! Der therapeutische Fachmann wird den Glauben eines Patienten an Jesus Christus nicht »wegtherapieren« wollen. Er wird das Christsein respektieren, es sei denn, es entspringt einem falschen Gottesbild.

Beide – Arzt und Psychotherapeut / Psychologe – sind letztlich Werkzeuge Gottes. Die Bibel sagt zu diesem Thema:

»Ehre den Arzt mit gebührender Verehrung ... denn der Herr hat ihn geschaffen ... Der Herr läßt die Arznei aus der Erde wachsen, und ein Vernünftiger verachtet sie nicht. Wurde nicht das bittere Wasser süß durch Holz, damit man seine Kraft erkennen sollte? Und er hat solche Kunst den Menschen gegeben, um sich herrlich zu erweisen durch seine wunderbaren Mittel. Damit heilt er und vertreibt die Schmerzen, und der Apotheker macht Arznei daraus, damit Gottes Werke kein Ende nehmen und es Heilung durch ihn auf Erden gibt. Mein Kind, wenn du krank bist, so missachte dies nicht; sondern bitte den Herrn, dann wird er dich gesund machen. Lass ab von der Sünde und handle rechtschaffen und reinige dein Herz von aller Missetat ... Danach lass den Arzt zu dir, denn der Herr hat ihn geschaffen; und weise ihn nicht von dir, denn du brauchst auch ihn. Es kann die Stunde kommen, in der dem Kranken allein durch die Hand der Ärzte geholfen wird; denn auch sie werden den Herrn bitten, dass er's ihnen gelingen lässt, damit es sich mit ihm bessert und er gesund wird und wieder für sich sorgen kann« (Jesus Sirach 38, 1-15 auszugsweise).

Unterschiedliche Therapieformen

Verhaltenstherapeutische Verfahren

Man geht auf momentane Schwierigkeiten ein. Dabei geht man davon aus, dass störendes Verhalten verlernt und durch ein »normales« ersetzt werden kann; besonders bei Ängsten (Phobien), Zwängen, Essstörungen. Es geht grundsätzlich um die Behandlung gestörter (unvollendeter) Beziehungsfragen. Gemeinsam mit dem Betroffenen wird nach Wegen gesucht, das Problem zu verringern. In dieser Therapie (10 bis 40 Sitzungen) wird der Betroffene durch Gespräche zur Selbstbeobachtung und zum aktiven Mitmachen beim Umsetzen der gemeinsam erarbeiteten Zielsetzungen motiviert.

Gesprächstherapeutische Verfahren

Der Ratsuchende soll selbst erkennen, wie seine Sicht von sich selbst mit seiner Wirklichkeit in Spannung steht und diese überwunden werden kann. Das Gespräch (10 bis 50 Sitzungen) ist Hilfe, über die eigenen Gedanken und Gefühle mehr Klarheit zu bekommen und dadurch neue Möglichkeiten des Umgangs mit dem Problem zu finden und anzugehen.

Tiefenpsychologische Verfahren

Individualpsychologie und andere psychodynamische Methoden, Teile der Psychoanalyse beschäftigen sich besonders mit der Entstehung einer Störung, die in der Biographie des Menschen (psychische, soziale, biologische Faktoren) ihre vermeintlichen Ursachen hat. In der Therapie, die sich zumeist über einen längeren (20 bis 100 Sitzungen) Zeitraum erstreckt, wird versucht, die individuelle Bedeutung des Problems zu erarbeiten, um so in der Gegenwart zu besseren Lösungsmöglichkeiten zu kommen. Eine Bearbeitung aktueller Probleme erfolgt in der Regel nicht.

Familientherapeutische Verfahren

Hier findet eine Einbeziehung des Umfelds des Betroffenen (z.B. Ehepartner, Eltern, Geschwister, Gemeindemitglieder) in die Therapie statt. Diese Form (10 bis 30 Sitzungen) ist besonders geeignet, wenn es um die Loslösung vom Elternhaus, Partnerschaftsprobleme oder Beziehungsstörungen geht.

Gestalttherapie

Nicht die Entwicklung eines Problems steht im Vordergrund, sondern der Betroffene soll sich durch den Ausdruck seiner Gefühle z.B. im Rollenspiel mit seinen intensiven Emotionen auseinandersetzen, um dadurch mehr über sich selbst und mögliche Lösungen zu erfahren (20 bis 70 Sitzungen).

Physikalische Therapie

Anwendung von Hitze, Kälte, Wasser, Licht, Elektrizität, Massage, Gymnastik, Musik-, Tanz-, Kunst-, Muskel-, Atem-, Entspannungsübungen.

Ergotherapie

Therapie durch Beschäftigung, Arbeit, Gebrauchtwerden, um im Hier und Heute zu lernen, sich besser selbst wahrzunehmen und Fähigkeiten auszudrücken.

Seelsorge und Psychologie

Die Wartezimmer der Ärzte und Psychotherapeuten sind in unseren Tagen übervoll. Mehr als 60 Prozent derer, die dort Hilfe suchen, gehören eigentlich in die Begleitung eines Seelsorgers, sagt ein mir nahestehender Arzt für Psychiatrie, Psychotherapie und Neurologie. Das heißt also: einem immer noch wachsenden Prozentsatz Rat und Hilfe, Heil und Heilung Suchender könnte gezielter geholfen werden, wenn mehr an der Bibel orientierte Seelsorge angeboten und angenommen würde.

Wer sich heute um ganzheitliche Seelsorge im Sinne der Bibel bemüht, kommt nicht umhin, sich auch mit Psychologie, Psychotherapie und Psychiatrie, die ja auch das Ziel haben, dem Menschen mit seinen Problemen zu helfen, auseinander zu setzen; sich Fragen zu stellen wie: Wo gibt es Unterschiede zur Seelsorge, wo Gemeinsamkeiten? Kann Wissenschaft allein helfen? Aber auch: Kann Seelsorge allein helfen?

In meiner über 30-jährigen seelsorgerlichen Praxis gaben mir Erkenntnisse aus Psychologie, Psychotherapie und Psychiatrie manche neue Anstöße und Hilfen, die Seele des Menschen besser zu verstehen und heilend zu beeinflussen. Trotzdem – oder besser gesagt: gerade deswegen – ziehe ich eine klare Trennungslinie zwischen Psychotherapie und Seelsorge, denn Seelsorge kann nicht von der Psychologie her verstanden werden.

Die *Psychologie,*

die Lehre von der Seele, hat ihre Wurzeln in der systematischen Erforschung des Menschen in seinen verschiedenen Bezügen. Psychologen definieren sie selbst als die »Wissenschaft vom Verhalten und Erleben des Menschen«. Sie hat als höchstes Ziel die seelische Glücksfähigkeit des Menschen, seine Arbeitsfähigkeit, vielleicht auch seine Fähigkeit, andere zu beglücken; ferner seine Denkfähigkeit und natürlich auch seine körperliche Gesundheit, die mit dem allen aufs engste verbunden ist.

In der *Psychotherapie,*

der praktischen Anwendung der Psychologie, geht es um die Lösung, Milderung und Aufhellung von seelischen Leiden und Verkrampfungen, um dadurch krankhafte Zustände des Körpers und des Verhaltens zu beheben. Dieses Ziel wird auch bei einem guten Teil der behandelten Patienten in befriedigender Weise mit psychischen Mitteln erreicht – zumindest werden ihre seelischen und damit auch ihre körperlichen Schmerzen gelindert. Gemeint sind alle Formen der Gesprächsführung, tiefenpsychologische Verfahren ebenso wie physiologische Therapien und die Verhaltenstherapie, um damit die wichtigsten Arten psychotherapeutischer Bemühungen zu nennen.

Die *Psychiatrie,*

die seelenärztliche Tätigkeit, ist sprachlich und tatsächlich verwandt mit der Psychotherapie. Auch sie ist Seelenheilkunde. Auch sie kennt die psychischen Mittel. Doch sie bedient sich außer diesen noch anderer Methoden. Am bekanntesten ist die medikamentöse Therapie durch die Psychopharmaka in Form von Tabletten, Injektionen und Infusionen.

Psychiatrie und Psychotherapie gründen sich damit wesentlich auf das Gespräch. Sie rücken formal in die Nähe der Seelsorge. Psychiatrie, Psychotherapie und *Seelsorge* kümmern sich – die beiden ersten vorrangig – um den seelisch leidenden Menschen. Kummer heißt in seiner sprachlichen Grundbedeutung Schutt. So versuchen Psychiater und Psychotherapeut ebenso wie der Seelsorger Schutt wegzuräumen, um der geplagten Seele Erleichterung, ein Aufatmen zu schaffen.

Eine weitere Parallele der Seelenheilkunde und Seelsorge sehe ich im Suchen, Finden und Vermitteln von Erkenntnis. Es bestehen jedoch hier grundsätzliche Unterschiede: Beim Gespräch des Psychiaters oder Psychotherapeuten wird diese ›dabei weithin aus dem Patienten selbst herausgeholt und nur aus der Sphäre des Unbewussten oder Unterbewussten in die des Bewusstseins heraufgehoben‹. Auch der Patient sucht diese Erkenntnis. Auch er will die Ursache

seines Leidens wissen: ›Woher kommt meine Angst, mein Herzklopfen? Warum verhalte ich mich so?‹ *(Dr. Theophil Stöckle)*. Damit
ist aber letztlich noch keineswegs das Anliegen der Seelsorge tatsächlich angesprochen.

Denn nicht nur die horizontale Denk- und Erfahrungsebene, in
der der Mensch bei sich selbst und damit im Kontaktraum nur
mitmenschlicher Bezüge und therapeutischer Heilungsmöglichkeiten bleibt, darf gesehen werden, sondern auch sein vertikaler
Bezug muss gesehen werden. Erst die Gottesbeziehung, die geistliche
Dimension macht unsere menschliche Existenz zum Eigentlichen
unseres Menschseins. Im Verharren in der immanenten Ebene, in der
alles aus sich selbst heraus erklärt wird und sich jede Hilfe in dieser
Ebene bewegt, enthalten wir dem Hilfesuchenden das Eigentliche
seines Heilwerdens vor. Die Bibel sieht den Menschen in anderer
Sicht. Es kommt also auf das Menschenbild an, das uns bestimmt.

In der *Seelsorge* geht es nicht in erster Linie um die klinische Hei-
lung krankhafter Seelenzustände, sondern um das Bekenntnis von
Sünde und um die Weitergabe der durch Jesus Christus angebotenen
Vergebung an den einzelnen Menschen.

Die Bibel sieht den Menschen in einer anderen Sicht als die Psychologie. Sie sieht ihn nicht »an sich«, als isolierte Person, sondern sie
sieht die Person vor Gott, unter Gottes Anspruch und Zuspruch. Sie
sieht ihn in seiner Ganzheit von Geist, Seele und Leib.

In der Seelsorge kommt es also wesentlich auf das Menschenbild
an, das mich bestimmt; ob meine Weltanschauung geprägt ist von
den Aussagen der Bibel.

* Die Bibel kennzeichnet den Menschen (1. Mose 2 und 3) als
  – Erdwesen. Seinen Namen hat er von der Erde, »adam«.
  – Lebewesen,
  – gestaltendes Wesen,
  – denkendes Wesen,
  – soziales Wesen,
  – Wesen vor Gott.
* Die Bibel sieht den Menschen
  – ganzheitlich in seinen geistigen, seelischen, körperlichen, sozia-
    len Bezügen. Er ist eine Einheit (1. Thess 5, 23).

- als total verderbt. Die Ebenbildlichkeit des Menschen ist zerstört (Röm 3, 23). Die Abkehr von Gott zeigt sich in den Sünden unseres Lebens.
- als eigenwillig. Der Bereich des Menschen vor Gott ist gestört. Das hat Entfremdung von sich selbst, vom Mitmenschen, von der Schöpfung zur Folge (Röm 7; 1. Mose 3; 4).
- als gottlos. Der Mensch zerstört das Leben, das Gott für ihn bereitet hat.

* Die Bibel bezeugt dem Menschen
- die totale Erlösung jedes Menschen durch Jesus Christus: »Gott will, dass alle Menschen gerettet werden und seine Wahrheit erkennen. Es gibt nur einen einzigen Gott und nur einen Einzigen, der zwischen Gott und den Menschen vermittelt und Frieden schafft. Das ist der Mensch Jesus Christus. Er hat sein Leben am Kreuz geopfert, damit wir alle erlöst werden...« (1. Tim 2, 4 - 6 *).
- die Rechtfertigung des Sünders aus Gnaden: »Denn Gott hat Christus, der ohne jede Sünde war, mit all unserer Schuld beladen und verurteilt, damit wir von dieser Schuld frei sind und Menschen werden, die Gott gefallen« (2. Kor 5, 21 *).
- das Angebot des neuen Lebens durch Gott in Buße und Glauben: »Jetzt ist Gottes Stunde gekommen. Seine Königsherrschaft wird nun aufgerichtet. Ändert euch von Grund auf! Kehrt um zu Gott und nehmt seine Heilsbotschaft im Glauben an« (Mk 1, 15 *).
- die Annahme des neuen Lebens durch den Sünder: »Die ihn aber aufnahmen und an ihn glaubten, denen gab er das Recht, Gottes Kinder zu sein« (Joh 1, 12 *).
- die Heilsgewissheit; Kind und nicht mehr nur Geschöpf Gottes zu sein: »Gottes Geist selbst gibt uns die innere Gewissheit, dass wir Gottes Kinder sind« (Röm 8, 16 *).

* Die Bibel zeigt dem Menschen sein Selbstverständnis:
- Seine Selbsterkenntnis: »Denn ich weiß, dass in mir, das heißt in meinem Fleisch nichts

Gutes wohnt. Wollen habe ich wohl, aber das Gute vollbringen kann ich nicht« (Röm 7, 18).

– Seine Selbstannahme:
»Und der Zöllner schlug an seine Brust und sprach: Gott sei mir Sünder gnädig« (Lk 18, 13).

– Sein Selbstwertgefühl:
So spricht der Herr: »Weil du in meinen Augen so wertgeachtet und auch herrlich bist und weil ich dich liebhabe« (Jes 43, 4).

– Seine Selbstverwirklichung:
Paulus spricht: »Ich lebe, doch nun nicht ich, sondern Christus lebt in mir« (Gal 2, 20).

– Seine Selbstfindung:
Jesus spricht: »Wer sein Leben findet, der wird's verlieren; wer sein Leben verliert um meinetwillen, der wird's finden« (Mt 10, 39).

* Die Bibel weist dem Menschen den Weg zum ewigen Leben durch

– die Teilhabe am Leben Gottes:
»Gehört jemand zu Christus, dann ist er ein neuer Mensch. Was vorher war, ist vergangen, etwas Neues hat begonnen« (2. Kor 5, 17 *).

– einen siegreichen Glaubenskampf aufgrund empfangener Vergebung:
»Kämpfe den guten Kampf des Glaubens! Erringe so das ewige Leben. Dazu hat dich Gott berufen, und das hast du vor vielen Zeugen bekannt« (1. Tim 6, 12 *).

– eine neue Motivation zum Leben in Liebe und Gehorsam:
»Wer meine Gebote annimmt und danach lebt, der liebt mich. Und wer mich liebt, den wird auch mein Vater lieben. Auch ich werde ihn lieben und mich ihm zu erkennen geben« (Joh 14, 21 *).

– eine neue Lebenspraxis unter dem Einfluss des Heiligen Geistes:
»Wenn aber der Geist der Wahrheit kommt, werdet ihr die Wahrheit vollständig erfassen. Denn er redet nicht in seinem eigenen Auftrag, sondern gibt nur das weiter, was ihm gesagt wurde. Auch was in Zukunft auf euch wartet, wird er euch verkündigen« (Joh 16, 13 *);

»Nehmt nicht die Forderungen dieser Welt zum Maßstab, sondern ändert euch, indem ihr euch an Gottes Maßstäben orientiert. Nur dann könnt ihr beurteilen, was Gottes Wille ist, was gut und vollkommen ist und was ihm gefällt« (Röm 12, 2 *).

– einen alternativen Lebensstil in Verzicht, Zucht, Opfer und Hingabe:
»Und Christus ist deshalb für alle gestorben, damit alle, die durch seinen Tod das Leben geschenkt bekamen, nicht länger für sich selbst leben. Ihr Leben soll jetzt Christus gehören, der für sie gestorben und auferstanden ist« (2. Kor 5, 15 *).

– ein neues Lebensziel für Zeit und Ewigkeit:
»Gebt nur Gott und seiner Sache den ersten Platz in eurem Leben, so wird er euch auch alles geben, was ihr nötig habt« (Mt 6, 33 *).

Der Mensch ist von Gott aus der übrigen Kreatur durch die Fähigkeit seines geistigen Wirkens herausgehoben, noch wesentlicher aber durch seine Möglichkeit, in einer bewussten Gottesverbindung zu leben. Dieses Spezifische des Menschseins ist seine Chance, zu einem sinnerfüllten und damit reichen, qualitativ einzigartigen Leben, dem ewigen Leben, zu kommen.

Neu wird im Bereich von Psychologie und Psychotherapie das Thema Vergebung aktuell, nachdem es Jahrzehnte verpönt war, darüber zu sprechen und zu schreiben. Die Psychologie kann manches aus der Vergangenheit des Menschen psychologisch aufdecken und Zusammenhänge erklären. Das ist gut und hilfreich. Doch sieht man darin nur das zwischenmenschliche Fehlverhalten. Man bleibt im immanenten Bereich, den zwischenmenschlichen Beziehungen stecken. Dabei werden dann nicht selten Lasten, von denen sie den Gesprächspartner entlasten will, auf andere gelegt – nämlich auf diejenigen, die nach ihrer Meinung die Belastungen verursacht haben. Man entlastet, indem man andere belastet, man entschuldet, indem man andere beschuldigt. So ist es der Psychologie auch nicht möglich, einen Weg zum Heil und zur Erlösung des Menschen zu weisen. Sie kann Weg, Mittel, aber nie Ziel sein. Sie kann uns sagen, wie der Mensch ist, aber keine Hilfe geben zur Neuschöpfung durch die Kraft der von Gott geschenkten Vergebung. Gerade an diesem zentralen Problem von Schuld und Sünde samt deren vielfältigen Auswirkungen im Leben, angefangen bei der Rast-, Ruhe- und Friedlosigkeit des Herzens bis hin zur seelischen und körperlichen Krankheit, an diesem zentralen Problem setzt Gott in Jesus Christus durch den Heiligen Geist mit seiner Gnade an, so dass der Mensch im umfassenden Sinn heil werden kann. Jesus Christus lädt ein: »Kommt her zu mir, die ihr müde seid und ermattet von übermäßiger Last (die ihr mit Mühe sucht, selig zu werden), die ihr seufzt unter harten Geboten und unter der Last eurer Schuld. Aufatmen sollt ihr bei mir und frei sein« (Mt 11, 28 ff, freie Übersetzung). Darin ist Glaubens- und Lebenshilfe, mit der Qual der Schuld, den Belastungen und Verirrungen, den Komplexen, Verdrängungen, Problemen des Lebens fertig zu werden, Konflikte bewältigen bzw. Spannungen aushalten zu lernen. Es wird uns das geschenkt, was man heute auf einen Nenner gebracht *Lebensqualität* nennt. Vergebung heilt zerbrochene Beziehungen und dient unserer eigenen Gesundheit, nicht nur der Gesundheit derer, die uns verletzt haben (Ps 32). Das ist umfassende Fürsorge Gottes.

Es ist daher in der seelsorgerlichen Beratung und Begleitung wie auch bei der Seelsorgeschulung darauf zu achten, dass Seelsorge nicht zu einem nur immanent-zwischenmenschlich-psychologischen Geschehen wird und sie darüber das Eigentliche ihres Auftrags schuldig bleibt; auch wenn die meisten, die in der Seelsorge Hilfe suchen, zunächst nur ihre physische/psychische Heilung im Sinn einer Wiederherstellung funktionierender biologischer und seelischer Vorgänge, also eine rein »materialistische« Seelsorge, suchen.

Gesundheit ist mehr als die Abwesenheit von Krankheit. Gott will, dass sich an jedem Menschen ganzheitliche Heilungsprozesse vollziehen. Seelsorge ist, was ihr Wesen betrifft, ein aus der Transzendenz, von Gott kommendes und wirkendes, heilendes Geschehen. Sie kommt aus dem Gehorsam Gottes Wort und Geist gegenüber. Daher ist zu prüfen, ob nicht die heute weitgehend praktizierten Seelsorgemodelle, mit ihrer freizügigen Einbeziehung humanwissenschaftlicher Erkenntnisse, möglicherweise auch mit einem Mangel an Vertrauen zu Gottes Wort und Geist zu tun haben. Dieser Frage gilt es sich jedenfalls aufrichtig zu stellen. Treten vielleicht die wie Pilze nach einem warmen Regen aus dem Boden schießenden seelsorgerlichen Schulungsangebote, als eine Art der Machbarkeit der Seelsorge, an die Stelle der eigenen personalen Beziehung und damit des ureigensten Vertrauens zu dem einen Seelsorger, Jesus Christus und seinem Wort, seiner Macht, seiner Vollmacht im Himmel und auf Erden (Mt 28, 18-20)? Meint man vielleicht, dass man biblische Seelsorge psychologisch in den Griff bekommen kann?

Wir müssen uns m. E. diesen Fragen stellen, die entscheidend sind für biblische Seelsorge:

– Wer ist Jesus Christus für mich?
– Welchen Stellenwert hat der Heilige Geist, Jesu Christi Realpräsenz heute, in meinem Leben?
– Welche Bedeutung hat für mich Schuld / Sünde?
– Was heißt für mich Beichte und Vergebung?
– Ist für mich Gottes Wort geistvolles Wort, von dem reale Kraftwirkungen ausgehen?
– Wie sieht meine Gebetspraxis, mein Gespräch mit Gott, dem Vater Jesu Christi, aus?

Alle Seelsorge, alles Helfen und Heilen, alles seelsorgerliche Begleiten und Beraten beginnt mit der Inanspruchnahme der Seelsorge Jesu in meinem eigenen Leben.

– Habe ich mein Leben mit seiner Harmonie und seinen Konflikten, seinen Siegen und Niederlagen, seinen Hoffnungen und heimlichen Wünschen selbst ganz Gott ausgeliefert?
– Lebe ich selbst aus Reue, Buße, Beichte und Vergebung?
– Weiß ich selbst um die Bewältigung von Schmerz und Leid, von Enttäuschung und Trauer aus der personalen Beziehung zu Jesus Christus?
– Bewegt mich das Verlangen, aus der Kraft des Heiligen Geistes meinen Gaben gemäß in Liebe und Gehorsam mein Leben zu gestalten?
– Habe ich mich selbst der Herausforderung von Krankheit und Sterben ehrlich gestellt?
– Ist mir klar, dass die Ungerechtigkeit der Welt ihre eigentliche Ursache in der Sündhaftigkeit des Menschen hat und nicht primär

die Umstände verändert werden müssen, sondern der Mensch der Neuschöpfung bedarf?

– Ist es auch mein Gebet: »Heile du mich, Herr, so werde ich heil; hilf du mir, so ist mir geholfen« (Jer 17, 14)? Und weiß und lebe ich im Blick auf Gott in der Gewissheit: »Ich bin der Herr, dein Arzt« (2. Mose 15, 26)?

Das sind Fragen, die letztlich jeder nur für sich selbst beantworten kann. Doch von ihrer Beantwortung hängt ab, wie wir Psychologie und Seelsorge in unserem Dienst einordnen.

Nach diesen sehr persönlichen Anmerkungen einige Ausführungen zu den Begriffen *Schuld und Sünde.* Ich unterscheide in meiner Seelsorgepraxis zwischen Schuld und Sünde. Schuld entsteht im Beziehungsverhältnis der Menschen untereinander. Zu den Fragen der Schuld kann die Psychotherapie helfende, klärende und auch lösende Hinweise geben, die den Rat- und Hilfesuchenden anweisen, mit der Vielschichtigkeit und Gegensätzlichkeit seines eigenen Wesens besser fertig zu werden und sie zu akzeptieren, ohne einer Verkrampfung anheim zu fallen und Teilbereiche davon zu verdrängen.

Sünde entsteht im Verhältnis des Menschen zu Gott. Immer, wenn Schuld als Sünde erkannt wird, ist die Psychotherapie an ihrer Grenze angelangt. Denn da, wo es um Vergebung der Schuld / Sünde durch Gott geht, sieht sich die Psychotherapie machtlos. Sünde kann nicht durch psychotherapeutische Methoden geheilt werden; Sünde ist lediglich dort aufgehoben, wo sie durch Jesus Christus gesühnt, wo diese geschehene Vergebung durch Erkenntnis, Bekenntnis, Reue, wo möglich Wiedergutmachung, Glaube und Dank in einem Menschenleben Wirklichkeit geworden ist.

Ein klassisches Beispiel dafür ist das Bekenntnis Davids nach seinem Ehebruch und der Anzettelung zum Mord. Schuldig geworden an Menschen, bekennt er Gott gegenüber: »An dir allein habe ich gesündigt und übel vor dir getan ... « (Ps 51, 6).

Der Psychotherapeut kennt das Wort Sünde nicht. Er spricht allenfalls von Fehlverhalten und Ich-Ideal und kann zeigen, wie man eine seelische Umlagerung vornehmen kann, damit vielleicht das Ideal-Ich erreicht wird.

Des Seelsorgers Aufgabe dagegen ist, dem Rat- und Hilfesuchenden zu zeigen, welches Bild Gott von ihm hat, wie Gott ihn gemeint hat und wie er dem gegenüber ist. Im Augenblick der Selbsterkenntnis, wenn der Ratsuchende erkennt, wie sein Leben in Gott neu werden kann, wird er merken, welches Hindernis ihn von dem Bild, das Gott von ihm hat, trennt. Er wird zugeben: Jawohl, so will ich eigentlich sein, aber aus eigener Kraft kann ich das nicht.

An dieser Stelle wird ihm der Seelsorger aufzeigen, dass das Hindernis die Sünde ist und dass diese die Identität des Menschen zerstört und ihn von Gott, vom Nächsten, aber auch von seiner Umwelt trennt. Sünde ist nicht in erster Linie ein moralischer Defekt, sondern die Eigenwilligkeit des Menschen, seine Rebellion gegen Gottes Willen und damit Zielverfehlung des Lebens.

Der Seelsorger und der Rat- und Hilfesuchende können die Sünde nicht selbst beseitigen. Das kann nur Gott, und er will es auch durch sein geistgewirktes Wort der Vergebung. Seelsorge ist also keine Erlösungstechnik. Seelsorge verkündigt: Sie ist »die Ausrichtung des Wortes Gottes an den Einzelnen« (Eduard Thurneysen), dass Gott die Sünde getilgt hat (Joh 1, 29). Aber dieses Geschehen ist außerhalb der Machbarkeit des Menschen. Wir können Gott durch keinerlei Technik, Seelenführung, Methoden oder Modelle beeinflussen. Wir können akzeptieren und vollmächtig, weil selbst erfahren, bezeugen: »Es ist vollbracht!« (Joh 19, 30) und damit zum Glauben rufen, dass Jesus Christus die Sünde hinweg genommen hat: »Fürwahr, er trug unsere Krankheit und lud auf sich unsere Schmerzen. Wir aber hielten ihn für den, der von Gott geschlagen und gemartert wäre. Aber er ist um unserer Missetat willen verwundet und um unserer Sünde willen zerschlagen. Die Strafe liegt auf ihm, auf dass wir Frieden hätten, und durch seine Wunden sind wir geheilt« (Jes 53, 3‑5).

Der Mensch muss dieses objektive Heilsgeschehen als Heilsangebot subjektiv für sich persönlich in Anspruch nehmen, sich den für ihn von Gott bereiteten heilenden Kräften öffnen, dann wird die *Heilstatsache über die Glaubenstatsache zur Erfahrungstatsache.* »Wie viele ihn aber aufnahmen, denen gab er Macht, Gottes Kinder zu werden, denen, die an seinen Namen glauben« (Joh 1, 12). So sind die tiefsten Heilungsprozesse in der Seelsorge geistliche Prozesse, deren Wirkung aus der Transzendenz kommt. Der eigentlich Handelnde in der Seelsorge ist somit Jesus Christus selbst durch seine Realpräsenz im Heiligen Geist (Joh 16; 17). Er will seine heilenden Kräfte durch Menschen, die ihm vertrauen, an dem Rat und Hilfe, Erlösung und Heil suchenden Menschen wirksam werden lassen.

Seelsorge vollzieht sich somit am Schnittpunkt von vertikaler und horizontaler Dimension. Dabei ist der Seelsorger Werkzeug, Instrument, durch das Gott sein Werk tut. Gott selbst autorisiert ihn in Jesus Christus durch den Heiligen Geist zum Lösen und Binden: »Wahrlich, ich sage euch: Was ihr auf Erden binden werdet, soll auch im Himmel gebunden sein, und was ihr auf Erden lösen werdet, soll auch im Himmel los sein« (Mt 18, 18). Der Seelsorger wird zum Assistenten des Krisenmanagers Heiliger Geist.

Ziel der Seelsorge sind Heil und Heilung. Heilung ist Konkretion und Heil. Heil aber Grund und Ziel aller Heilung. Es geht bei der Seelsorge also nicht nur um die menschlich-psychologische Erhellung und Aufarbeitung der Vergangenheit und Gegenwart eines Menschen und sei es bis in seine Kindheit mit dem Ziel, ihn zu einem psychisch-physischen Aufatmen zu führen, sondern es geht um einen geistlichen Prozess. Trotzdem ist es ganz wesentlich im Blick auf das seelsorgerliche Gespräch, dass dem Seelsorger die Probleme, das Umfeld eines Menschen durch das Gespräch, gerade auch unter Berücksichtigung bestimmter methodischer Möglichkeiten, bekannt sind. Ein Leitsatz kann hier wesentlich helfen, wenn er immer wieder bewusst angewandt wird. Zur biblisch-therapeutischen Seelsorge gehören: Liebe (1. Kor 13), Sachwissen und die Bitte um Weisheit (Jak 1, 5).

Zur Zielsetzung des Heilwerdens der Gottesbeziehung gehört ebenso das Ausheilen der Beziehung zu sich selbst wie das Ausheilen zwischenmenschlicher Beziehungen und der Beziehungen zu meiner Umwelt, der Schöpfung Gottes. Aufgrund dessen, dass ein Mensch durch eine heile Beziehung zu Gott eine neue Schöpfung ist (2. Kor 5, 17), ist es ihm möglich, neu denken, sprechen und sich neu verhalten zu lernen. So ist Seelsorge niemals absichtslos, sondern durch den Heiligen Geist immer ein zielgerichtetes Geschehen, wobei vom

Wort Gottes und dem Gebet wieder viel mutiger Gebrauch gemacht werden sollte. Es ist meine persönliche Überzeugung und Erfahrung in meinem Dienst, dass der Gebrauch der Bibel und das Hineinnehmen eines Menschen in den Erfahrungsbereich des Gebets oft in überraschender Weise einen Umbruch zum eigentlichen Heilwerden bewirkt.

Zusammenfassung

Der Psychologie ist es möglich, und für diese Möglichkeit bin ich dankbar, die inneren Zusammenhänge zwischen seelischer Fehlhaltung und Krankheit aufzuhellen. Nicht möglich aber ist ihr, einen Weg zum Heil und zur Erlösung zu weisen. Ihre Lösung ist und bleibt, wie bereits erwähnt, Selbsterlösung durch Integration der eigenen Zwiespältigkeit und Gegensätzlichkeit. Das gilt ebenso für die Grundsätze der Gruppendynamik wie für all das, was sich unter dem Sammelbegriff »New age« einordnet. Das ist aber gerade das, was die Bibel als Betrug Satans und als menschliche Überheblichkeit, ja als die Sünde des Menschen verdammt.

Es gibt nur eine einzige Lösung, und die ist gegeben in Jesus Christus und erfahrbar durch den Heiligen Geist. Psychotherapie kann lösen, aber nicht erlösen; sie kann heilen, aber kein Heil vermitteln: »Nur Jesus kann den Menschen Rettung bringen. Nichts und niemand sonst auf der ganzen Welt rettet sie« (Apg 4, 12 *).

Wenn Schuld und Sünde nicht mehr ernst genommen werden, werden auch Versöhnung und Vergebung nicht mehr ernst genommen. Wenn aber Versöhnung und Vergebung nicht mehr ernst genommen werden, geschieht auch keine wirkliche Befreiung des Lebens mehr, kommt keine heile Beziehung zu Gott zustande.

Es geht also in der Seelsorgepraxis darum, den Menschen nicht nur in der horizontalen Dimension, seinem Bezug zur Umwelt, zum Mitmenschen, zum Therapeuten zu sehen, sondern vor allem in seiner vertikalen Dimension, seinem Gottesbezug. Wer auf der horizontalen Ebene verharrt, enthält dem Rat- und Hilfe-, Erlösung- und Heilsuchenden das Eigentliche seines Heilwerdens vor.

Schlussbemerkungen

- Der Psychotherapeut, sofern er gläubiger Christ ist, kann biblische Seelsorge ausüben.
- Der psychologisch Geschulte, ohne lebendigen Glaubensbezug zu Gott, sollte sich nicht als Seelsorger verstehen.
- Der Seelsorger, ohne psychologische, psychotherapeutische Grundausbildung, sollte nicht denken, er könne den Psychologen/Psychotherapeuten ersetzen.
- Der Seelsorger sollte nicht meinen, er könne durch psychologische/psychotherapeutische Methoden biblische Seelsorge machen.

»Seelsorge ist:

Wenn du es verstehst, durch Gebet, durch Gemeinschaft, mit Takt, Liebe, Nachsicht und Geduld mein Gewissen zu wecken und mich so dazu bringst, daß ich mich von meinen falschen Wegen zu dem richtigen wende, wenn ich Unrecht getan habe« (Hudson Taylor).

»Durchforsche mich, o Gott, und sieh mir ins Herz, prüfe meine Gedanken und Gefühle! Sieh, ob ich in Gefahr bin, dir untreu zu werden, dann hol mich zurück auf den Weg, der zum ewigen Leben führt!« (Ps 139, 23 - 24 *).

Literatur:
Michael Dietrich, *Psychologie contra Seelsorge,* Hänssler-Verlag, Neuhausen
Michiaki und Hildegard Horie, *Stufen der Befreiung,* R. Brockhaus Verlag, Wuppertal
Siegfried Kettling, *» Wer bist du, Adam?«,* Hänssler-Verlag, Neuhausen
Erwin Scharrer, Heilung des Unbewussten, überarbeitete und erweiterte Auflage, Francke-Verlag, Marburg 1995
Kurt Scherer, *Die Sprechstunde,* Hänssler-Verlag, Neuhausen
Kurt Scherer, *Vergebung — das zentrale Problem,* Hänssler-Verlag, Neuhausen

Theophil Stöckle, *Jesus heilt;* in: Arbeitshilfe für Seelsorger, Hrsg. Ernst Rudin, Präsenz-Verlag, Gnadenthal

Paul Toaspern, *Seelsorge — mehr als »kirchliche Psychologie«,* idea-Dokumentation Nr. 1/81, Wetzlar

Depressionen – Ursachen, Formen und Kennzeichen, Hilfen, Heilmöglichkeiten

Rund 15 000 Menschen in der Bundesrepublik scheiden jedes Jahr freiwillig aus dem Leben, alle vier Minuten unternimmt irgendwo in unserem Land ein Mensch einen Selbstmordversuch. Die allermeisten von ihnen hatten oder haben Depressionen. Nach den neusten Zahlen der Weltgesundheitsorganisation (WHO) leiden 150 Millionen Menschen in den westlichen Industrieländern darunter.

Jährlich werden allein in der Bundesrepublik über zwölf Millionen Arzneimittelpackungen im Wert von knapp 200 Millionen Mark gegen Depressionen verkauft. Jeder fünfte Deutsche läuft Gefahr, im Laufe seines Lebens ernsthaft an Depressionen zu erkranken. Die Zahl der Jugendlichen darunter nimmt zu. Wobei die Konstellation »arbeitslos – wertlos – sinnlos« eine wesentliche Bedeutung hat.

Was verbirgt sich hinter dem Begriff Depression? Ist es ein neues Modewort?

Depression – das Wort kommt aus dem Lateinischen und bedeutet soviel wie: Niederdrückung. Die Seele singt nicht mehr, *Mutlosigkeit* macht sich breit, *Antriebskraft* fehlt, *Angst* nimmt einen gefangen. Diese drei Faktoren begegnen uns immer wieder.

Depressionen sind in unserer Gesellschaft weitgehend verpönt. Ab und zu eine Verstimmung – das wird gerade noch toleriert; richtige Depressionen dagegen sind nicht salonfähig! Und so bleiben dann viele behandlungsbedürftige und auch durchaus erfolgreich zu behandelnde Depressionen ohne fachgerechte ärztliche wie seelsorgerliche Therapie. Sie werden verdrängt. Was aber nicht heraus kann, be- und verarbeitet wird, wirkt innen weiter, bis es einen schwachen Punkt im Körper gefunden hat und sich in einer organischen Krankheit Luft verschaffen kann. Viele Erkrankungen des Magens, des Darms, des Herzens, der Muskeln und der Gelenke haben ihren Ausgangspunkt in einer verdrängten Depression, einer psychosomatischen Erkrankung. Die Psyche, die Seele, wird krank. Wird sie nicht behandelt, steckt sie das Soma, den Leib, den Körper an. Die Seele zieht sozusagen die Notbremse und schreit über die Organe »SOS«.

Die Hamburger Psychologin Martina Gaschae sagt: »Man sollte davon ausgehen, dass man eine depressive Verstimmung in dem Moment, wo sie auftritt, für die psychische Hygiene braucht. Der Seelenzustand ist dann mit einer eiternden Wunde vergleichbar. Das heißt doch, dass da noch Dreck drinnen ist, der raus muss. Und das braucht Zeit. So ist das auch mit dem akuten depressiven Zustand. Er ist heilsam, wenn man ihn akzeptiert und nicht wegdrängt.« Er will aufgearbeitet werden.

Bei einer Depression werden Geist, Seele und Leib im wahrsten Sinne des Wortes in Mitleidenschaft gezogen. Typisch für alle Formen von Depressionen sind sogenannte *Verlustsymptome:* Appetitlosigkeit, Gewichts-, Schlaf-, Mut-, Hoffnungs-, Antriebs-, Konzentrationsverlust, Verlust der Lebens- und Glaubensfreude, des Selbstwertgefühls.

Wenn eine solche Krankheit auftritt, sind die Betroffenen und deren Angehörige oft ratlos und fragen, welche Möglichkeiten der Hilfe es gibt. Immer wieder wird auch die Frage gestellt: Warum gibt es heute auch unter gläubigen Menschen so viele Depressionen? Fünf Gründe seien genannt:

* Auch gläubige Menschen bleiben nicht von Krankheiten verschont. Dazu gehören auch Depressionen.
* Viele Gläubige haben nicht gelernt, verantwortlich mit sich selbst und anderen umzugehen, mit ihrer Zeit, ihren Gaben, ihrer Gesundheit.
* Seelisch-geistliche Verletzungen, z. B. Bitterkeit, Unversöhnlichkeit bedürfen einer inneren Heilung.
* Manche Christen sind von einem falschen Gottesbild, aufgrund von einseitiger und/oder falsch verstandener Verkündigung, geprägt (frommer Leistungszwang, ständige Kontrolle, Perfektionismus, Angst vor Strafe).

* Es herrscht oft bewusster Ungehorsam Gottes Wort und Geist gegenüber.

Depressiv – was nun? Diese Frage kann über Nacht für jeden aktuell werden. Zunächst geht es dann darum, zu klären, um welche Form von Depression es sich handelt. Diese Differenzierung ist notwendig, um gezielt ärztlich behandeln und seelsorgerlich begleiten zu können, auch wenn es Überschneidungen der Depressionsformen gibt. Ich unterscheide in dreifacher Hinsicht, auch wenn es viele Überschneidungen und Übergänge gibt:

1. Die leichte Depression

– Hier handelt es sich um eine Verstimmung der Seele. Man kann noch seiner Arbeit nachgehen, findet auch noch Schlaf. Gelegentlich hat man Angst. Man kann darüber sachlich sprechen.
Auslöser können sein:
Erschöpfung aufgrund körperlicher Überforderung. Man hat sich über jemanden bzw. etwas geärgert. Man ist seelisch verletzt und damit noch nicht fertig geworden. Ein Schicksalsschlag macht einem zu schaffen.
– Eine solche Depression kann zu Hause behandelt werden:
Frohe Gemeinschaft, gemeinsame Unternehmungen, verständnisvolle Gespräche, Tapetenwechsel, genügend Schlaf, Muskelentspannung, Atemübungen, Bewegung und frische Luft tragen zur Bewältigung bei.
– Das seelsorgerliche Gespräch steht im Vordergrund:
Analyse, Gedankenaustausch, eigenes und gemeinsames Studium des Wortes Gottes, Gebet und Ruhe nehmen einen weiten Raum ein. Ermutigung und Wegweisung sind angebracht.

2. Die mittlere Depression

– Hier finden wir schon stärkere Auswirkungen im organischen Bereich. Es tritt Schlaflosigkeit ein, die oft ohne Medikamente nicht zu beheben ist. Viel Unruhe und Angst sind krankhafte Zeichen.

- Ein solcher Mensch gehört je nach gesundhheitlicher Verfassung in die Behandlung eines Arztes / Psychiaters / Psychotherapeuten.
- Seelsorgerliche und ärztliche Begleitung und Behandlung sollen Hand in Hand gehen. Der Depressive wird für den Zuspruch und Anspruch Gottes nicht so offen sein wie in der leichten Depression. Man sollte dem Depressiven die Fürbitte zusagen und natürlich auch halten, denn er verlässt sich bewusst und unbewusst darauf. Zeichen des An-ihn-Denkens sind eine gute Ermutigung. Dazu gehören auch regelmäßige, kurze Besuche. Ebenso haben der gemeinsame Spaziergang, das zuhörende Ohr und das verständnisvolle Herz hier ihren Platz. Man kann bei einem Besuch eine Karte mit einer biblischen Verheißung zurücklassen, einige Gedanken dazu äußern, sie auch in einem kurzen Gebet aufnehmen. Es ist gut, sich zu merken, was der Depressive in dieser Phase seiner Depression äußert. Oft sind es verzerrte, so der Wirklichkeit nicht entsprechende Empfindungen, Feststellungen und Schuldgefühle. Trotzdem gilt es, das Gesagte bewusst zur Kenntnis zu nehmen, da es immer Hinweise auf tiefer liegende Nöte beinhaltet. Später, beim Abklingen der Depression, wird man versuchen, es im Gespräch mit einander richtig einzuordnen, die richtige Relation von Wirklichkeit und Vermutung herauszufinden. »Sie haben damals gesagt... Das hat Sie sehr bedrängt. Wie sehen Sie das heute? Was machte Ihnen dabei zu schaffen? Ist das tatsächlich eine unbereinigte Angelegenheit...? Könnte es sein, dass...?«

3. Die schwere Depression

Hier besteht unmittelbar Gefahr. Die Angst, nicht definierbar, fängt morgens an und lässt einen nicht los; selbst wenn sie am Nachmittag etwas abklingt und am Abend fast verschwindet. Sie steht in keinem Verhältnis zu dem, wovor man sich ängstigt. Die Schlaflosigkeit ist

oft umfassend. Auch können Suizidgedanken, Lebensmüdigkeit geäußert werden.

– Ein solcher Mensch sollte so lange wie möglich zu Hause behandelt werden. Nur wenn der gewissenhafte Umgang mit den Medikamenten nicht mehr gewährleistet ist, Suizidgefahr besteht und
die Angehörigen in der Begleitung selbst überfordert sind, sollte er
in eine Klinik eingewiesen werden. Für die Medikation gilt: So viel
wie nötig, so wenig wie möglich!

– In der schweren Depression ist der Seelsorger zwar auch gefragt,
doch die ärztliche Behandlung ist vorrangig. Man sollte nicht meinen, dass es leicht sei, mit einem Bibelwort, einem Gebet einem
Menschen in der schweren Depression so helfen zu können, dass
er aus ihr heraus kommt. Wir werden mit dem Depressiven beten
können, doch nur kurz. Er selbst kann selten beten. Er wird auch
kaum eine Reaktion zeigen, dass das Gebet eine Beziehung hergestellt hat, weder zu ihm noch zu Gott. Wir können ihm die Hand
beim Beten geben. Solche körperliche Berührung tut ihm meistens wohl. Jedes Ihn-Bedrängen, sei es durch ein längeres Gebet,
durch ein Auf-ihn-Einreden mit Bibelworten oder Ermahnungen
bzw. unbedachten Äußerungen, strengt ihn an, wühlt ihn auf und
birgt die Gefahr in sich, dass er noch tiefer in die Depression ver-
sinkt. Das ist zwar gut gemeint, aber falsch. Fürglaube und Fürbitte haben in dieser Zeit ihren ganz besonderen Stellenwert,
ebenso wie unsere Gegenwart, die nonverbale (nichtsprechende)
Kommunikation.

Fünf der bekanntesten Depressionen

Befassen wir uns etwas näher allgemein verständlich mit einigen Depressionsformen, um mehr Einsicht in Zusammenhänge zu bekommen, gezielter zu verstehen und dadurch auch besser begleiten und
helfen zu können:

1. Die reaktiv bedingte Depression

Reaktiv bedingte Depressionen sind die Folge äußerer Umstände. Enttäuschungen in Beruf, Ehe- und Familienschwierigkeiten, Mobbing, Arbeitslosigkeit, anhaltende Krankheit, der Tod eines nahestehenden Menschen können sie auslösen. Sie kommen bei Menschen in Umstellungs-, Kommunikations-, Glaubens- und psychosomatischen Krisen vor.

Der Betroffene kommt unter Druck und reagiert falsch darauf. Die Stimmung wird gedrückt. Ängste plagen ihn. Er ist mehr oder weniger verzweifelt. Nicht selten hat er Schlafschwierigkeiten, seine Nerven sind in Mitleidenschaft gezogen. Auch machen ihm Schuldgefühle zu schaffen.

Dem reaktiv Depressiven ist das seelsorgerliche Gespräch zu empfehlen. Das erklärende, sich in seine Lebenslage behutsam einfühlende Wort (Röm 12, 12 - 15) mindert den Druck, es könne ihm nicht geholfen werden. Zeit haben, Geduld üben, Zuhören sind ebenso notwendige Voraussetzungen, um verstehen zu lernen, warum jemand so ist, wie er ist, warum er so reagiert, wie er reagiert, wie Liebe (1. Kor 13), Sachwissen und von Gott erbetene Weisheit (Jak 1, 5).

Da der reaktiv Depressive sich hilflos vorkommt, tut ihm Führung, nicht Bevormundung, gut. Man sollte wirklich mit dem Herzen zuhören und nicht nur »spiegeln«. Das Ziel des Für-ihn-Daseins ist, dazu bei zu tragen, dass sein seelisches Gleichgewicht durch Zuwendung und Ermutigung wieder hergestellt wird. In der Trauer z. B. gilt es mit zu tragen, mit zu leiden, – nicht Mitleid zu haben, – den Verlust verschmerzen zu helfen, sich mit ihm solidarisch im Aushalten zu zeigen. Wenn jemand aufgrund einer besonders negativen Lebenserfahrung kopflos geworden ist, gilt es, ihm in Liebe und Geduld sachlich wieder zurecht zu helfen. Wenn die Gefühle verletzt worden sind, ihn zu einer sachlichen Auseinandersetzung anzuleiten, in der auch bewusst willentlich die Vergebung ihren Platz hat; Vergebung, die angenommen und ausgeteilt wird, damit die seelische Wunde heilen kann. Es geht darum, ihm durch die Vermittlung einer neuen Sicht von Menschen und Dingen zu einem neuen Reagieren

46

zu helfen. Also Zusammenhänge aufzuzeigen, Wege zu finden, orientiert an Gottes Wort, um einen neuen Standpunkt einnehmen zu lernen. Ein neuer Standpunkt ergibt eine neue Perspektive!

2. Die neurotisch bedingte Depression

Zu den neurotisch bedingten Depressionen gehören psycho-reaktive Erkrankungen. Man faßt damit die Besonderheiten einer gestörten frühkindlichen Entwicklung zusammen. Ohne entsprechendes Wissen um Zusammenhänge kann man hier seelsorgerlich manches falsch machen. Es geht um erlebnisbedingte Störungen, Reaktionen auf Auswirkungen von Persönlichkeitsverletzungen durch zu hohe Erwartungen, die an den Betroffenen gerichtet wurden; um Demütigungen, auch sexuellen Missbrauch; um doppeldeutige Beziehungen, dass z. B. die Worte anderes aussagen als die Körpersprache ausdrückt, oder auch um eine zweckgebundene Verwöhnung, wenn sich z. B. ein Ehepartner mit einem Kind gegen den anderen verbündet.

Neuroseformen

* *Neurotisch-reaktive Depression*
  Symptome: Traurige Verstimmung, Rückzug von der Welt.
  Körperlich: Kopfdruck, Beklemmung, Mattigkeit, Konzentrationsmangel, Vergesslichkeit.
  Auslöser: Geborgenheitsverlust.
* *Zwangsneurose*
  Symptome: Zwangsgedanken, die einen nicht mehr loslassen, die gedacht werden müssen, obwohl man ihre Unsinnigkeit erkannt hat, z. B. Zähl-, Kontroll-, Wasch-, Putz-, Ordnungs-, Schließzwang.
* *Phobische Angstneurose*
  Symptome: Platzangst, Angst, auf die Straße zu gehen, Angst vor dem Fliegen, Brückenangst, Angst vor dem Sog in die Tiefe, vor

geschlossenen Räumen (Aufzug); panische Angst vor bestimmten Tieren.

* *Herzphobische Angst*
Symptome: Unruhe, Anspannung, oft abruptes Herzklopfen mit Schweißausbrüchen. Anklammerung an Angehörige und Arzt. Gefahr, sich auf andere Körperfunktionen zu fixieren, »sich ständig den Puls fühlen«.

Das psychische Erleben des Neurotikers ist durch einen anstrengenden, oft zermürbenden Wechsel von durchaus positiven Ausdrucks- und Kontaktmöglichkeiten einerseits und Blockierungen, Unsicherheit, Hemmungen, Angst, Zwang, Versagen andererseits gekennzeichnet. Er durchschaut oftmals, dass sein neurotisches Verhalten und Reagieren eigentlich unbegründet, ja unsinnig ist, kann es aber ohne Einsicht in die Zusammenhänge kaum beeinflussen. Die Gefahr für ihn besteht darin, dass er daraus Krankheitsgewinn und Ersatzbefriedigung durch erhöhte Aufmerksamkeit seiner Mitmenschen erzwingen will.

Treten keine Erholungspausen auf, in denen diese seelischen Verletzungen heilen können, macht die Summierung der negativen Erfahrungen krank. Sie führt in eine Identitätskrise. Die inneren Schwierigkeiten zeigen sich in äußeren Verhaltensstörungen. Man ist deprimiert, verstimmt, ängstlich, auch ärgerlich; man wird mehr oder weniger geplagt von Einschlafschwierigkeiten. Minderwertigkeitsgefühle wie krankhaftes Geltungsbedürfnis, das dieses Defizit ausgleichen soll, kommen ebenso vor wie die Ablehnung der eigenen Persönlichkeit bis hin zu ihrem Hass: »Ich kann mich selbst nicht leiden, wie ich bin.« Das schließt auch die Gefahr des Suizids ein. Angst (Phobie), Selbstverunsicherung, ständiges Jammern, Abhängigkeit von anderen quälen ebenso wie die mangelnde Fähigkeit, eigene Wünsche zu äußern. Alle diese Erfahrungen können in tiefe Bitterkeit führen, aber auch zu Versagen in Arbeit, Ehe, Erziehung, also in den alltäglichen, realen Beziehungen zu Menschen und Dingen.

Beispiele:
* Da ist eine junge Frau, als Kind wohlbehütet im frommen Elternhaus aufgewachsen. Schwierigkeiten und Auseinandersetzungen

wurden von ihr fern gehalten. Der elterliche Betrieb, in dem sie angestellt war, die Gemeinde, in der sie hofiert wurde, waren bisher Schutzzonen. Nun kommt sie in eine fremde Stadt, unter fremde Menschen und muss feststellen: Es gibt am Arbeitsplatz Neider und Feindschaft und in der neuen Gemeinde auch andere junge Menschen mit Begabungen. Das verkraftet sie nicht. Sie meint, alle seien gegen sie. Sie steht nicht mehr wie bisher im Mittelpunkt. Ihr Bild, das sie von sich hat, kommt ins Wanken. Dieser Herausforderung ist sie nicht gewachsen. Sie wird zur Überforderung und darunter bricht sie zusammen.

✳ Da sind Eltern. Sie sind alt geworden. Es ist einsam um sie geworden. Die Kinder, selbst verheiratet und dabei, ihre Existenz aufzubauen, wohnen unterschiedlich weit weg. Ständig bekommen sie zu hören, dass sie sich nicht um die Eltern kümmern. Alle Versuche, bei den Eltern Verständnis zu wecken, dass sie ihre Kraft und Zeit überwiegend benötigen, um selbst ihrer Ehe und Familie gerecht zu werden, sind vergeblich. Sie werden als undankbar und egoistisch hingestellt. Da sie das nicht mehr hören können und wollen, werden die Besuche bei den Eltern noch seltener als bisher. Diese werden bitter und nachtragend. Ja, sie steigern sich in ihrem Unmut den Kindern gegenüber in weitere unschöne Bemerkungen hinein. Sie können gar nicht mehr normal reagieren. – Es gibt Depressionen vom »Nicht-loslassen-Können«!

✳ Da ist ein junger Mann. Er findet bei einer Evangelisation zum Glauben. Aus Angst vor der Hölle entscheidet er sich für Jesus Christus. Seine Nachfolge wird weiterhin von der Angst bestimmt. Freude, mit Gott versöhnt, sein Kind zu sein, kommt nicht in ihm auf. Er hört nur Forderungen aus der Verkündigung in seiner Gemeinde: »Du sollst . . . , du musst . . .« Das erdrückt ihn, deprimiert ihn. Nachfolge Jesu wird für ihn zum Stress. Die Angst, es Gott und den Menschen nicht recht zu machen, quält ihn ständig.

✳ Da ist eine Mutter von zwei kleinen Kindern, glücklich verheiratet. Sie ist froh im Glauben. Die eigene Mutter stirbt. Der Vater wird im Einverständnis mit dem Ehemann ins eigene Haus genommen. Ganz unbewusst erwartet der alte Vater von seiner

Tochter die Zeit und Zuwendung, die er von seiner Ehefrau gewohnt war. Für die Tochter aber wird das zu viel. Der Vater weiß mit der neuen Lebenssituation nicht richtig umzugehen. Ihm fehlt seine Frau. So kommt es zu Auseinandersetzungen, wenn seine Tochter und ihr Ehemann z. B. abends zum Hauskreis gehen. Der Vater macht Vorwürfe: »Halte du lieber das vierte Gebot und bleibe bei deinem Vater, anstatt in den Hauskreis zu laufen«, sagt er zu seiner Tochter. Aber sie geht mit ihrem Mann, wenn auch mit einem schlechten Gewissen. Aggressionen und Schuldgefühle dem Vater gegenüber machen ihr zu schaffen. So beginnt sie auf den Vater grundsätzlich falsch zu reagieren. Ohne dass sie es merkt, wird sie abweisend auch da, wo gar kein Anlass dazu besteht.

* Da ist eine Hausfrau. Sie ist ganz und gar für ihre Familie da. Die übrigen Familienmitglieder aber würdigen ihren Einsatz im Haus und Garten überhaupt nicht. Das in Stunden liebevoll zubereitete Essen wird in Minuten verschlungen, ohne ein Wort des Dankes und der Anerkennung. Mann und Kinder gehen nach der Mahlzeit ihren eigenen Interessen nach. Zurück bleibt der Abwasch. Ihr In-Ordnung-halten des Hauses und Gartens, das Ernten des Gemüses und das Einkochen des Obstes aus dem eigenen Garten, alles ist für die anderen Familienmitglieder eine Selbstverständlichkeit. Die Mutter macht es. Im Lauf der Jahre stellen sich Unzufriedenheit, Vereinsamung, gereizte Stimmung, Gefühlsverarmung und Frust ein. Beschwert sich die Ehefrau und Mutter bei den Ihren, ohne dass sich etwas ändert, fällt sie damit den übrigen Familienangehörigen nur auf die Nerven. Sie wenden sich ab und gehen noch ausgeprägter ihre eigenen Wege. Die Hausfrau fragt zunehmend nach dem Sinn ihres Lebens. Findet sie keine ehrliche und befriedigende Antwort, ist sie unversehens in einer Depression. Sie kündigt innerlich, auch wenn sie bleibt.

Durch eine gezielte Gesprächsführung gilt es, die Vorgeschichte zu erhellen und Zusammenhänge zu erkennen, die zur negativen Meinung über einen selbst, zur Unbelastbarkeit, zu Schuldgefühlen, Frust und Aggressionen gegenüber Mitmenschen (und Gott) geführt haben. Dazu kann auch Kommunikationstraining in einer

Selbsterfahrungsgruppe helfen. Psychopharmaka können unterstützen.

Wieder heißt es, zuhören und verstehen lernen. Nicht vorschnell durch Bibelworte in eine Richtung drängen. Das blockiert das Mitteilen und Vertrauen. Die eigene Einsicht und das Wollen, den Konflikt zu bewältigen, ist Voraussetzung, dass geholfen werden kann. Einem »Alles-oder-Nichts-Denken«, »wenn ich nicht jetzt im Handumdrehen zum Ziele komme, mache ich gar nichts mehr« gilt es vorzubeugen. Der Kampf gegen die Ambivalenz (Doppelwertigkeit) ist mühsam. Meistens geht es darum, ein neues eigenes Selbstwertgefühl zu bekommen. Man muss beginnen, über sich selbst neu zu denken, neue Ziele ins Auge zu fassen. Verhaltenstherapie ist also angesagt. Wege entstehen, indem man sie geht! Eine realistische Selbsteinschätzung ist notwendig. Dabei hilft das bewusste Sich-Trennen vom Alten und das Sich-Einüben in ein neues, an Gottes Wort orientiertes Denken, z. B. der Zusage Gottes, dass ich eine von ihm gewollte, begabte, geliebte, wertgeachtete, beim Namen gerufene Persönlichkeit bin (Jes 43, 1-5). Wesentlich ist der Wille zu einer neuen Identität, so dass ich mich bewusst mit meinem Plus und Minus annehme. Auch hier ist Vergebung das zentrale Problem; Vergebung, die ich annehme und die ich austeile (Mt 6, 12).

3. Die erschöpfungsbedingte Depression

Erschöpfungsbedingte Depressionen haben als Auslöser eine Vielfalt von Stressbelastungen. Oftmals sind es Dauerbelastungen, zugleich aber können sie auch psycho-reaktiv bedingt sein. Ständige Auseinandersetzungen mit chronisch angreifenden Umwelteinflüssen werden zwar immer halbwegs gemeistert, allerdings immer mit dem Rücken zur Wand. Die Belastungsmomente können dabei ganz verschiedenartig sein:

* Da ist eine berufstätige Frau und Mutter. Sie hat Schwierigkeiten in der Ehe. Dazu kommen Erziehungsfragen und Ärger am Arbeitsplatz. Sie kann nicht mehr.
* Da ist eine Mutter mit fünf Kindern, glücklich verheiratet. Sie

bräuchte eigentlich einen Terminkalender. Ihr Leben ist rund um die Uhr ausgefüllt. Neben ihren Verpflichtungen in Ehe und Familie ist sie noch in der Gemeinde diakonisch und seelsorgerlich engagiert. Eine richtige Frohnatur. Doch eines Tages ist diese Frohnatur deprimiert. Man kann das gar nicht verstehen.

Hinter eigenartigen Vermutungen, die hinter der Hand in der Gemeinde weitergegeben werden, verbirgt man unbewusst seine Hilflosigkeit. Man sollte sich statt dessen fragen, wann diese Frau zum letzten Mal Urlaub gemacht hat. Entspannung, Entlastung, Tapetenwechsel, genügend Schlaf bewirken oft schon ein Aufatmen und Aufgerichtetwerden.

Die Zahl der erschöpfungsbedingten Depressionen ist heute viel höher, als es gemeinhin den Anschein hat. Immer mehr Menschen in helfenden Berufen, aber auch Menschen, die unter »Gemeinde-Aktionismus-Stress« stehen, werden ihre Opfer. »Burnout« – ausgebrannt ist der gängige Begriff dafür. »Burnout« ist eine Krise, die sich entwickelt. Am Anfang steht die sich verringernde Zufriedenheit mit der eigenen Leistung. Es kommt das Gefühl hinzu, den Anforderungen nicht mehr gewachsen zu sein, obwohl man die Sache an sich kann. Zu viele Aufgaben sollen auf einmal bewältigt werden, doch es fehlt die Kraft dazu. Man sieht sich hilflos den Gegebenheiten ausgeliefert; meint, unfähig zu sein, etwas daran ändern zu können; fühlt sich nicht mehr herausgefordert, sondern überfordert, überlastet.

Man ist müder als sonst oder kann nicht schlafen. Man isst mehr als gewöhnlich oder hat keinen Appetit. Man ist reizbar, macht sich mehr Sorgen als sonst, gerät leicht aus der Fassung, lacht weniger oder viel mehr als sonst, weint eher oder zeigt überhaupt keine Gefühle. Man fürchtet sich leichter als sonst, hat Angstzustände und träumt mehr als gewöhnlich. Man ist redseliger, wird dabei weitschweifig, redet zusammenhanglos oder man spricht nur zögernd, wird zum Schweiger. Man möchte immer unter Menschen sein, oder fürchtet sich vor Gemeinschaft. Man beklagt sich über seine Mitmenschen, fühlt sich abgewiesen und beschäftigt sich in Gedanken mit Feindseligkeiten gewisser Leute gegen einen oder spielt Gedanken des Selbstmitleids unterschiedlichster Inhalte durch. Man hat öfter

Kopf-, Rücken – oder Magenschmerzen oder andere Beschwerden. Schon nach einer kleinen Erkältung stellen sich Komplikationen ein. Man verliert seine sonst normale Widerstandsfähigkeit.

»Burnout« ist ein Konflikt, der weniger von außen als von innen gelöst wird. Nicht primär die Verhältnisse sind schuld an der Krise, sondern die eigene falsche Einstellung dazu. Diese gilt es zunächst durch Umdenken und ganz persönliche Entscheidungen zu ändern. Der Spannungsbogen zwischen

* Ist und Soll,
* Geben und Nehmen,
* Wirklichkeit und Wunsch,
* Selbsthingabe und Selbstbehauptung,
* Wollen und Können,
* Arbeitszeit und Freizeit,
* Arbeitswelt und Privatwelt,
* Tätigem und Beschauendem,
* Anspannung und Entspannung

wird für viele so unerträglich, so überzogen, dass es nicht selten zu psychosomatischen Erkrankungen kommt. Eine innere Ausgeglichenheit ist erforderlich, um das äußere Gleichgewicht wiederzufinden; eine gesunde Relation von Anspannung (Aktivität unterschiedlichster Art) und Entspannung (Ruhe und Muße). Es geht darum, das Loslassen zu lernen, um Gelassenheit zu finden.

»Burnout« — Hintergründe

* *Hektik.* Das Problem heißt nicht: Keine Zeit, sondern: Falsche Maßstäbe! Es geht um die Frage der Priorität. Was steht an erster Stelle in meinem Leben? Dafür nehme ich mir Zeit. Alles andere ordnet sich dem unter. – Gott und seine Sache wollen für Nachfolger Jesu an der ersten Stelle stehen (Mt 6,33).
* *Falsche Erwartungen.* Man jagt ständig einem Idealbild von sich selbst nach. Das Defizit zwischen Ist und Soll erdrückt einen. Es geht um das Sein, das nicht vollkommen ist. Vor Gott bin ich durch Jesus Christus richtig, vollkommen (2.Kor 5,17).

* *Falsches Leistungsdenken.* Zu seiner Erlösung will man selbst noch etwas beitragen, sich selber besser machen und bleibt doch im Ungenügend stecken. Der Wert unserer Persönlichkeit liegt nicht in unserer Verwertbarkeit. Es geht um dankbare Zufriedenheit in dem, was Jesus für uns vollbracht hat. – Die Gnade Gottes genügt (2. Kor 12, 9).
* *Minderwertigkeitsgefühle.* Man denkt gering, minderwertig von sich selbst. Das reduziert das von Gott gewollte Selbstwertgefühl. Es geht um die Veränderung des Denkens über sich selbst. – Jeder Mensch ist eine von Gott wertgeachtete Persönlichkeit (Jes 43, 1-5).
* *Mangelndes Gottvertrauen.* Man nimmt an, Gott kündige einem die Beziehung auf, wenn man versage. Diese Heidenangst macht einen fix und fertig. Es geht um unser Vertrauen und unsere Liebe zu Jesus. – Gott vergibt und liebt uns zuerst (1. Joh 1, 9; 4, 19).
* *Falsche Lebensgestaltung.* Man hält sich an die Ordnungen der Bibel und will damit etwas im Leben »machen«. Frucht kann man aber nicht produzieren, sie wächst. Es geht um die personale Beziehung zu Jesus. – Jesus will der entscheidende Faktor (Macher) in unserem Leben sein (Gal 2, 20).

Notwendige Fragen, die es aufrichtig zu beantworten gilt, wenn Veränderungen zum Guten eintreten sollen, sind:

* Ist mein Dienst, meine Arbeit frommer Aktivismus, Selbstverwirklichung im frommen Gewand?
* Um wessen Name, wessen Ehre, wessen Reich, wessen Wille, wessen Macht, wessen Ziele geht es in meinem Leben (Mt 6, 9-10)?
* Welche Motive sind die treibende Kraft meiner Lebensgestaltung (Röm 12, 12)?

Es gehört viel Mut, ja Demut, dazu, Erkanntes zu verwirklichen. Einfacher und damit zufriedener leben, geht nicht ohne Erkenntnis, Reue, Buße, Umdenken. Man muss gegen den Strom schwimmen, um zur Quelle zu kommen!

* Bewusstes Sich-Zurückziehen ist sehr nützlich, wenn es zur rechten Zeit in richtiger Weise geschieht, und zwar bevor das Verlangen nach Flucht übermächtig wird.
* Die Stille suchen und sich ihr aussetzen (Ps 62, 2).
* Schöpferische Pausen einlegen (Mk 6, 31).
* Die Termine mit Gott haben Vorrang vor den Terminen für Gott (Mt 14, 23).
* Auf Jesu Wort hören und gehorchen (Lk 10, 38-42).
* Neue Prioritäten für die Lebensgestaltung setzen (Mt 6, 34).
* Natürliche Aktivitäten als Ausgleich suchen: Hobbys, Musik, Lesen, kleine Feste, Sport, Wandern – sie lösen Spannungen.
* Auf die Ernährung (Vitamine, Mineralien) und körperliche Hygiene achten.
* Emotionen kontrollieren. Drei Möglichkeiten (zwei falsche, eine richtige) seien genannt:
  · Man lässt ihnen freien Lauf;
  · man verdrängt sie und überlässt es dem Verstand, sie in etwas Angenehmeres zu verwandeln;
  · man stellt sich ihnen und setzt sich mit ihnen auseinander. »Achte auf deine Gedanken und Gefühle, denn sie beeinflussen dein ganzes Leben« (Spr 4, 23 *).
* Das Wichtige kommt vor dem Eiligen (Joh 11).
* Nein sagen lernen (Mk 1, 37-38).
* Gegebene Gelübde erfüllen (Ps 50, 14).
* Vergebung annehmen und austeilen, auch sich selbst vergeben (Mt 6, 14.15; 18, 32.33; 1. Joh 1, 8-9). Vergeben heißt loslassen, verlassen, aufgeben. Nichts sammeln und nachtragen; täglich vergeben!
* Nicht in Kritiksucht verfallen. »Die Genesung kam, als der Kranke sich mit den Ursachen, die sich unter der Oberfläche befanden (Schuld, Furcht, Feindseligkeit, Minderwertigkeitsgefühle, die zur Selbstablehnung führten, Neid, Eifersucht . . .), auseinandersetzte« (Kol 3, 11-17).
* Das seelsorgerliche Gespräch suchen, beichten (Mt 18; Jak 5, 14-16).

* Sich genügen lassen (Hebr 13, 5).
* Dankbar werden (Ps 103).
* Zielbewusst leben (Phil 3, 14).

Zum Nachdenken:
* Muße ist für unser Wirken die schöpferische Pause.
* Erst beten und denken, dann planen und handeln.
* Weniger ist mehr.
* Gott liebt uns nicht wegen unserer Leistung, sondern trotz unseres Versagens.

Eine Erschöpfungsdepression wird anders behandelt, als es sonst bei Depressionen die Regel ist. Antidepressive Medikamente stehen keineswegs im Mittelpunkt. Jedoch sollte ärztliche Behandlung hinzugezogen werden. Sie geht mit dem seelsorgerlichen Gespräch Hand in Hand. Ziel ist es, um das nochmals zu betonen, zu einer neuen Lebensordnung anzuleiten. Ausspannen, entlastender Urlaub, Regelung der beruflichen Situation, der Ehe und Familie, des geistlichen Lebens, neue Prioritäten setzen sind Voraussetzung für eine neue Einstellung zum Leben. Die Verantwortung vor Gott für den Umgang mit Geist, Seele und Leib muss von einer neuen Warte aus gesehen werden, mit neuen Vorzeichen. Es gilt also die Erkenntnis zu vermitteln, dass der Wert des Menschen nicht in seiner Verwertbarkeit und Leistung begründet liegt, sondern im Zuerstgeliebt- und Angenommensein durch Gott.

4. Die schuldbedingte Depression

Schuldbedingte Depressionen haben ihre Ursache in einer gestörten Beziehung zu Gott und einer belasteten Beziehung zu Menschen. Die Angst, es kommt heraus, die Schuld wird offenbar, wird zum quälenden Faktor. Das schlechte Gewissen raubt den Schlaf ebenso wie es den inneren Frieden zermürbt, lässt kopflos werden, nicht selten auch ungerecht und verstockt.
Zwei klassische biblische Beispiele verdeutlichen das:

✳ *Elia,* ein Mann Gottes, liegt lebensmüde unter einem Wacholder in der Wüste und will sterben: »Es ist genug, so nimm nun, Herr, meine Seele; ich bin nicht besser als meine Väter« (1. Kön 19, 1-18). Was ist geschehen? Elia hat Gottes Größe und Herrlichkeit in der Auseinandersetzung mit den Baalspriestern erfahren, einen eindeutigen Sieg errungen. Das Volk wird einsichtig und bittet Gott für seinen Ungehorsam um Vergebung. Das verkraftet Isebel, die heidnische Frau des israelitischen Königs Ahab jedoch nicht. Sie lässt Elia eine Mordbotschaft zukommen. Elia gerät in Panik. Er vergisst alle Bewahrungen, die er durch Gott bisher erfahren hat. Er reagiert völlig falsch. Statt im Gebet bei Gott Rückfrage zu halten, was er tun soll, trifft er eigenwillig die Entscheidung zu fliehen. Er läuft um sein Leben. An die Stelle seines Gottvertrauens tritt Misstrauen; an die Stelle seiner Dankbarkeit Undank, an die Stelle seiner Hoffnung Hoffnungslosigkeit. Er ist völlig verzagt. Es läuft nicht so, wie er es sich vorgestellt hat. Das bringt ihn in eine tiefe Depression. Er rebelliert, kommt äußerlich und innerlich unter Druck, den er weder aushalten noch verarbeiten will. Er will lieber sterben. Doch Gott lässt Elia nicht mit sich allein, auf sich geworfen. Vielmehr erfährt Elia Gottes Fürsorge. Statt einer Strafpredigt gibt es zunächst Schlaf, Essen und Trinken. In der Stille erinnert ihn Gott an seine Treue. Es kommt zum seelsorgerlichen Gespräch. Gott weckt bei Elia Einsicht in sein verkehrtes Denken, Sprechen und Verhalten. Elia erfährt statt Entlassung aus seiner Arbeit Entlastung und neue Beauftragung, nachdem er seine Schuld erkannt und bekannt hat. Er kann neu beginnen!

✳ *David,* auch ein Mann Gottes, verstrickt sich in tiefe Schuld. Er bricht die Ehe. Um das Problem zu vertuschen, sorgt er dafür, dass der Ehemann der Frau, mit der er die Ehe gebrochen hat, an vorderster Front im Krieg ums Leben kommt (2. Sam 11). Danach lebt er, als sei nichts geschehen. Doch Schuld wird weder durch Verjährung bewältigt noch dadurch, dass man sie verdrängt. Das meint zwar David. Doch das ist Selbstbetrug. Sein schlechtes Gewissen frisst das Gras, das darüber wachsen soll, immer wieder weg. Die Konsequenzen seines Verdrängens formuliert er so: »Denn als ich es wollte verschweigen, verschmachteten meine

Gebeine durch mein tägliches Klagen. Denn deine Hand lag Tag und Nacht schwer auf mir, dass mein Saft vertrocknete, wie es im Sommer dürre wird« (Ps 32, 3 - 4). David ist fix und fertig. Er erkennt: Schuld kann man nicht stornieren. Sie muss vergeben werden. So lange das nicht geschieht, leidet der Mensch bewusst oder unbewusst. Gott hat es mit dem ganzen Menschen, mit Geist, Seele und Leib zu tun. Wenn ein Bereich leidet, werden die anderen in Mitleidenschaft gezogen. Das heißt aber auch, wenn der leidende Bereich heil wird, hat das auch seine heilsamen Auswirkungen auf den ganzen Menschen. Auch diese Erfahrung macht David. Er bekennt seine Schuld vor Gott und Menschen (Ps 32; 51) und erfährt Vergebung. Diese Vergebung führt ihn aus seiner schuldbedingten Depression. Er kann bekennen: »Lobe den Herrn, meine Seele, und was in mir ist, seinen heiligen Namen! Lobe den Herrn, meine Seele, und vergiss nicht, was er dir Gutes getan hat; der dir alle deine Sünden vergibt und heilet alle deine Gebrechen, der dein Leben vom Verderben erlöst, der dich krönet mit Gnade und Barmherzigkeit, der deinen Mund fröhlich macht ...« (Ps 103).

Menschen in schuldbedingten Depressionen helfen letztlich keine Medikamente. Sie brauchen das seelsorgerliche Gespräch, ein Gegenüber (2. Sam 12, 7), das den Mut hat, ihnen die Wahrheit in Liebe zu sagen. Ihnen hilft Korrektur im Denken, Sprechen und Verhalten, Einsicht ihrer Schuld (Ps 139), der Mut zum Bekenntnis, zur Beichte (Ps 51), um die Erfahrung der Vergebung zu machen, Altes zurücklassen und Neues in Angriff nehmen zu können. Neue Wege entstehen, indem man sie geht!

5. Die endogen bedingte Depression

Endogen bedingte Depressionen sind die schwersten aller Depressionen. Man versteht darunter eine körperlich begründete seelische Krankheit. Sie entsteht oft unabhängig von irgendwelchen Erlebnissen. ›Endogen‹ heißt »von innen«. Sie ist also in der Anlage des Kranken verwurzelt. Sie kann mit der Familie zusammenhängen, also auch einen Anteil Vererbung enthalten. Ihre letzte Ursache ist noch nicht bekannt. Doch es steht fest, dass sie auch jahreszeitlich – v. a. Frühjahr und Herbst – bedingt ist. Vermutlich wird sie durch Stoffwechsel- und Hormonstörungen im Gehirn und Körper ausgelöst, z. B. durch eine schwere Krankheit, nach einer Schwangerschaft, durch grippale Infekte.

Der endogen Depressive leidet unter Schlafstörungen, fühlt sich abends besser als am Morgen. Nichts kann ihn mehr erfreuen, nichts Vergangenes, Gegenwärtiges, Zukünftiges, nicht die Natur, weder die eigenen Kinder noch Enkelkinder, auch nicht mehr der Ehepartner. Seine Stimmung ist gedrückt und tief traurig. Ihm fehlt der Antrieb. Lustlosigkeit und Pessimismus machen ihm zu schaffen. Jede Minute bedrückt ihn bleischwer und empfindet er rabenschwarz. Er kann nicht fühlen, dass es je noch einmal besser mit ihm werden könnte. Jede Arbeit, auch die geringste, steht wie ein riesengroßer Berg vor ihm. Er kann beim besten Willen und trotz aller guten Vorsätze nichts gegen seine gedrückte Stimmung ausrichten. Es ist keine Initiative da, am Gemeindeleben teilzunehmen, auch das persönliche geistliche Leben leidet. Er fühlt sich von Gott und Menschen verlassen. Die auf Gott bezogenen Gefühle des Vertrauens, der Hoffnung, der Zuversicht, des Angenommen- und Geliebtseins sind mehr oder weniger weg. Der gefühlsmäßige Anteil des Glaubens ist gestört und krank. Das sagt aber überhaupt nichts über seine tatsächliche Beziehung zu Gott aus. Diese psychische Verfassung aufgrund physischer Erkrankung verläuft in Phasen, die früher oder später wieder abklingen. Sobald dies der Fall ist, gesundet auch das geistliche Leben wieder. Deshalb sind geistliche Appelle wie »Wenn du nur richtig glauben würdest, dann ...« oder »Nimm dich doch etwas zusammen, so schlimm wird's nicht sein ...« völlig fehl am Platz. Sie verstärken nur den Druck und machen damit die Lebenslage des Betroffenen nur noch bedrängender. Er kann es nicht. Er kann noch nicht einmal wollen: »Ein Mensch kann durch festen Willen sogar körperliche Krankheit ertragen; aber wer den Mut zum Leben verloren hat, ist zu nichts mehr in der Lage« (Spr 18, 14). Die Macht des negativen Gefühls ist so stark, dass dagegen ein Zuspruch nicht aufkommen kann. Der Gesunde kann meistens nicht verstehen, was der so Leidende durchmacht, wenn die Seele nicht mehr singt.

Für den endogen Depressiven ist es eine Wohltat, wenn er in seiner Verfassung angenommen wird. Man kann von ihm in seiner Situation weder Entschlüsse noch Entscheidungen erwarten. Trotzdem ist er gerade jetzt ganz ernst zu nehmen. Der Kranke...

* darf krank sein. Er darf es sich eingestehen und andere dürfen es ihm zugestehen: Ich kann und muss jetzt nicht glauben wie früher.
* darf schweigen, klagen und anklagen vor Gott (Ps 62; 22; 142).
* darf Angst haben und falsch reagieren (Ps 73; Joh 16,33).
* darf am Leben verzagen (2. Kor 1, 8), hoffnungslos sein (Joh 5,7).

Das soll auch in der seelsorgerlichen Begleitung zum Ausdruck kommen:

* Ich sehe, wie schwer die Krankheit Sie niederdrückt...
* Sie können sich gar nicht mehr freuen, nicht mehr beten, nicht mehr glauben. Sie fühlen sich unverstanden und wie abgeschnitten von Gott und den Menschen...
* Ich weiß, dass Sie das alles so schwer empfinden. Ich (!) weiß aber auch aufgrund des Wortes Gottes, dass Gott Sie lieb hat...
* Auch wenn Sie jetzt nichts leisten und arbeiten können, dann ist gerade das Aushalten Ihrer jetzigen Lebenslage größte Anstrengung und allerschwerste Arbeit...

Der seelsorgerlich Begleitende muss aber wissen, dass auch diese Zusagen den Kranken nicht direkt trösten oder gar überzeugen, weil ihn jetzt oft gar nichts trösten und überzeugen kann.

Der seelsorgerlich Begleitende (ge)braucht daher...

* die Bereitschaft zum Zuhören (Jak 1, 19), indem er Zeit für den Kranken hat und Verständnis für seine Krankheit zeigt.
* Geduld (Hebr 10,35-36), indem er den Kranken als Kranken annimmt und liebt. Auch wenn dieser nicht so auf seinen Zuspruch reagiert, wie er es erwartet, wird er sich nicht gekränkt oder enttäuscht zurückziehen oder gar mit geistlichen Zurechtweisungen, die der Betroffene doch nur als Drohungen empfindet, kontern.

* Gemeinschaft durch nonverbale Kommunikation, d. h. Gemeinschaft ohne Worte, durch das Dasein anderer. Das ist ein Stück Mit-Teilen, ein Stück Mit-Leiden.

* Fürglaube, indem er mit seiner Einstellung zeigt, dass er selbst glaubt, was er dem Kranken von Gott her zuspricht, nämlich dass er vor Gott jetzt so sein darf, wie er ist, dass Gott ihn dennoch liebt und annimmt um Jesu Christi willen, und dass in allem Gott sein Ansprechpartner bleibt (Röm 8, 31 ff).

* Fürbitte, unter die Last des Anderen schlüpfen, sich mit seinen Anliegen solidarisieren, es vor Gott bringen und damit tragen helfen (2. Kor 1, 8 - 11).

* das Zeugnis des Wortes, indem er dem seelisch Kranken, dem die eigene innere Stimme nichts Wohltuendes mehr über seine Beziehung zu Gott sagt, zuspricht: Gottes Liebe zu ihm ist nicht von seinen kranken Gefühlen abhängig, sondern von den Zusagen Gottes, an die er sich gebunden hat. Glauben heißt: sich verlassen auf Gottes Wort (Ps 33, 4)!

* den Zuspruch der Vergebung. Dem in sich Verschlossenen, der oft keine Zukunft mehr sieht, nicht in jedem Fall, seelische »Höllenqualen« durchmacht, darf er zusagen: Gott spricht dich nicht nur von deiner schuldhaften Vergangenheit los, sondern schenkt dir in seiner Gnade auch einen Neuanfang. » . . . wenn uns unser Herz verdammt, Gott ist größer als unser Herz und erkennt alle Dinge« (1. Joh 3, 20).

Weil es möglich ist, endogen Depressiven medikamentös wirksam zu helfen, ist es wichtig, sich bei solchen Erkrankungen bald in ärztliche Behandlung zu begeben. Durch antidepressive Medikamente, Psychopharmaka (Antidepressiva), keine Tranquilizer, kann spürbar geholfen werden. Sie können die psychischen und körperlichen Symptome, nicht aber die Ursache heilen (diese ist ja weitgehend unbekannt). Der Arzt wird sich bemühen, richtig zu dosieren. Er unterscheidet (um es zu wiederholen) drei Anteile der Krankheit: Ein Anteil ist die *Angst*. Die Frage ist: Wie groß ist sie? Der zweite Anteil ist die *Stimmung*, der dritte der *Antrieb*. Diese drei verschiedenen Anteile machen es erforderlich, dass die Medikamente verschieden sind, da ein Medikament immer nur auf einen Anteil einwirkt. Es gehören Erfahrung und Weisheit dazu, richtige Medikamente recht dosiert zu geben. Wenn noch sehr viel Angst da ist, kann man keine freudige Stimmung herstellen. Man muss sie vielleicht zunächst einmal dämpfen. Später geht es darum, dass der Antrieb besser wird und die Stimmung sich aufhellt. Es ist ganz wesentlich, dass der Kranke die Medikamente regelmäßig nimmt und vor allem nicht zu früh absetzt, also nicht selbst Arzt spielt. Man sollte mit den Angehörigen und dem Kranken um Gottes Segen für die Arznei beten – in dem Wissen, dass alle Hilfe letztlich von Gott kommt. »Der Arzt kuriert, Gott heilt!«

Oft wird im dunklen Tal der endogenen Depression vom Kranken das Thema Schuld angesprochen. Das sollte ernst genommen und durch ermutigenden und tröstenden Zuspruch aufgefangen werden. Oft begegnen wir der Auffassung des Kranken, er habe die Sünde wider den Heiligen Geist begangen. Hier dürfen wir getrost antworten, dass diese Sorge unbegründet ist. Wer die Sünde wider den Heiligen Geist begangen hat, ist nicht von Angst und Sorge darum umgetrieben. Auch das andere sei noch erwähnt: Wir wollen aufmerksam hören, wenn ein Depressiver Selbstmordgedanken äußert. Es ist für ihn eine Hilfe, wenn er spürt, dass der seelsorgerlich Begleitende darum bemüht ist, ihn zu verstehen. Er bedarf in dieser Lebenslage unserer besonderen Zuwendung, damit er große Geborgenheit zu spüren bekommt. Feste Termine einer nächsten Begegnung sind angesagt, nicht der Hinweis: Ich bin immer für dich da! Es könnte aber auch erforderlich werden, ihn zu seinem eigenen Schutz wegen der Selbstmordgefahr in eine Klinik einweisen zu lassen.

Wenn eine solche Krankheit durch medikamentöse Behandlung abklingt, kehren oft *Glaube, Hoffnung, Liebe* wieder in Herz und Gemüt zurück und der Heilwerdende kann wieder seine eigene Seele ermutigend neu sprechen: »Lobe den Herrn, meine Seele ...« (Ps 103).

Das ist dann auch der Zeitpunkt, zu dem der Seelsorger auf die Klagen und Fragen, die geäußerten Gedanken zum Thema Schuld, die im dunklen Tal der Depression ausgesprochen wurden, eingehen wird. Er wird vorsichtig, einfühlsam das Gespräch beginnen: »Ist das denn so, was Sie im dunklen Tal der Depression empfunden haben, dass diese Schuld Sie so umtreiben und erdrücken wollte, dass Sie meinten, sie sei Ihnen nicht vergeben?«

Es gilt also sich im dunklen Tal die Probleme und Nöte zu notieren, um sie dann, wenn es wieder Licht geworden ist, anzusprechen. Das seelsorgerliche Gespräch kann nun klären helfen: Was ist Schuld und was sind Schuldgefühle?

Auch Beschäftigungstherapie und physikalische Therapie sind in dieser Phase hilfreich und zur Stabilisierung der Persönlichkeit Erfolg versprechend.

Schizophrenien

Zu diesen Depressionsformen gehört auch die »endogene Psychose«, wie man die manisch-depressive Krankheit, die endogene Depression einerseits und die Schizophrenien andererseits, bezeichnet. Die endogene Depression tritt als Teil der manisch-depressiven Krankheit sowie als selbständige Krankheit auf, wobei die manischen Phasen seltener sind als die depressiven.

Mit Schizophrenie wird die Aufspaltung des geistig-seelischen Erlebens bezeichnet. Der Kranke lebt in zwei Wirklichkeiten, der normalen und in seiner eigenen inneren Wahnwirklichkeit. Auch hier sind die Ursachen der Krankheit weitgehendst unbekannt. Die im Folgenden erwähnten Symptome kommen nie alle zum Vorschein, sondern nur teilweise und ganz unterschiedlich ausgeprägt.

* *Hebephrenie* beginnt in der Pubertät, meist schleichend, manchmal aber auch ganz plötzlich und überraschend schnell fortschreitend. Kennzeichen: schlaffe Haltung, Vernachlässigung der eigenen Person bis in die Kleidung und Hygiene.

* *Paranoide Schizophrenie* ist gekennzeichnet von Halluzinationen und Wahnvorstellungen, die aber oft noch ein Berufsleben und auch sonstige Gemeinschaft zulässt. Der Kranke ist umgänglich bis auf die Wahnideen, die je nach Zeit stark oder weniger stark durchbrechen. Dazu gehören Starrköpfigkeit, Zynismus, Reizbarkeit, Jähzorn, Überheblichkeit, Verfolgungswahn, Liebeswahn, Beziehungswahn ... was dann im Lauf der Jahre zu einem Verlust der Vitalkraft führen kann.

Sich in die Gemütsverfassung des so Kranken einzufühlen, ist sehr schwer, da das innere Erleben turbulent und ganz unterschiedlich ist bis dahin, dass die eigene und/oder fremde Personen eine geheimnisvolle teuflische oder aber auch göttliche Funktion zugesprochen bzw. angehängt bekommen. Es kann im Wahnerleben alles an Erleben geben. Es gibt sozusagen nichts, was es nicht gibt; was dann einerseits panische Ängste, – »Heidenangst«, weil man sich außengesteuert vorkommt, andererseits aggressive Reaktionen gegen sich selbst und andere – auslösen kann. Oft hat der Kranke gar nicht die Einsicht, krank zu sein, so dass er für argumentative Begleitung nur schwer zugänglich ist. Man muss immer auf »Überraschungen« gefasst sein.

Der seelsorgerlich Begleitende sollte dem Kranken gegenüber mit der Diagnose »Schizophrenie« zurückhaltend sein, wogegen die Umwelt darüber aufgeklärt sein sollte, um auf entsprechendes Verhalten des Kranken richtig zu reagieren. Im Grunde gelten die oben erwähnten Vorgehensweisen, wobei eine Versicherung, dass Gott ihn nicht im Stich lässt (Hebr 13, 5) ebenso zeitweise beruhigen kann wie der Hinweis auf Psalm 91, mit dessen Aussagen – teilweise je nach Lebenslage zugesprochen – ich gute Erfahrungen in der Begleitung mit an Jesus Christus gläubigen schizophrener Menschen gemacht habe: »Wer unter dem Schutz des Höchsten wohnt und unter dem Schatten des Allmächtigen bleibt, der spricht zu dem Herrn: Meine Zuversicht und meine Burg, mein Gott, auf den ich hoffe. Denn er errettet dich vom Strick des Jägers und von der schädlichen Pestilenz. Er wird dich behüten wie eine Henne, die ihre Kücken unter die Flügel nimmt. Seine Treue schützt dich wie ein starker Schild. Du brauchst keine Angst zu haben vor den Gefahren der Nacht oder den heimlichen Angriffen bei Tag. Selbst vor der Pest, die im Dunkeln zuschlägt, oder dem tödlichen Fieber, das am hellen Tag die Menschen befällt, fürchtest du dich nicht, ja, wenn zehntausend in deiner Nähe sterben – dich selbst trifft es nicht... Du darfst sagen: ›Beim Herrn bin ich geborgen!‹ Darum wird dir nichts Böses zustoßen, kein Unglück wird dein Haus erreichen. Denn Gott hat seine Engel ausgesandt, damit sie dich schützen, wohin du auch gehst. Sie werden dich auf Händen tragen, und du wirst dich nicht einmal an einem

Stein verletzen! Löwen werden dir nichts anhaben, auf Schlangen kannst du treten. Gott sagt: ›Er liebt mich von ganzem Herzen, darum will ich ihn retten. Ich werde ihn schützen, weil er mich kennt und ehrt. Wenn er zu mir ruft, antworte ich ihm. Wenn er keinen Ausweg mehr weiß, bin ich bei ihm. Ich will ihn befreien und zu Ehren bringen. Bei mir findet er die Hilfe, die er braucht, ich gebe ihm ein erfülltes und langes Leben.‹«

Die Erfahrung zeigt, dass es unmöglich ist, einen Wahn – z. B. einen Verfolgungswahn oder dass sich jemand abgehört fühlt – ausreden zu wollen: »Das ist doch unmöglich, was Sie da berichten. Das gibt es nicht...« Verständnisvolles Zuhören und Zusprechen ist angesagt: »Ich nehme Ihnen ab, dass das ganz grausam ist, was Sie da erleben.« Es könnte natürlich als Antwort des Kranken kommen: »Aber Sie glauben es mir nicht!« Mögliche Antwort: »Ich nehme ernst, was Sie mir schildern! Dass Sie das so erleben.« Ich gehe dann über auf den oben zitierten Psalm und je nach Situation nehme ich daraus eine Aussage, um den Schutz Gottes, der für alle Lebenslagen gilt, zuzusprechen.

Wenn eine akute Phase abklingt, ist es oft auch möglich, realistisch mit dem Betroffenen zu sprechen, dass es sich um Sinnestäuschungen gehandelt hat. Doch zeigt die Erfahrung, dass solche Wahnideen auch unterschwellig in guten Zeiten beeinflussen. So sehe ich die Aufgabe des seelsorgerlich Begleitenden darin, den Kranken spüren zu lassen, dass er angenommen und nicht abgelehnt, geliebt und nicht fallengelassen, wertgeachtet und nicht verachtet ist.

Protokollsplitter

✽ Plötzlich hört sie Stimmen anderer Menschen, auch Lieder aus ihrer Jugendzeit. Die 60-jährige weiß nicht, wie ihr geschieht. Sie ist total durcheinander. Als es nicht aufhört, wird sie ein Nervenbündel. Da sie aus der ehemaligen DDR kommt, fühlt sie sich verfolgt. Man will sich an ihr für ihr treues Bekenntnis zu Jesus Christus rächen. Sie zieht sich immer mehr zurück und wird immer misstrauischer. Die Beziehungen werden belastet, da ständig Vermutungen geäußert werden, selbst engsten bisherigen Freunden gegenüber. Sie sieht ein gegen sie geschmiedetes Komplott. Schlaflosigkeit, Konzentrationsschwäche, panische Angst, Depressionen, Aggressionen werden ihre ständigen Begleiter. Gesprächsversuchen gegenüber ist sie total verschlossen. Für sie steht fest: »Man will mich nicht verstehen. Man glaubt mir nicht, nimmt mich mit meinem Erleben nicht ernst.« Für kürzere Zeiten findet sie immer etwas Ruhe, wenn sie bei befreundeten Menschen ein paar Nächte Schlaf findet. Auch die seelsorgerliche Zusage: »Auch jetzt sind Sie in Gottes Hand geborgen« bringt vorübergehende Erleichterung. Viel Liebe und Zuwendung, die ständige Bereitschaft, aggressive Reaktionen zu vergeben, trotzdem sich wieder einzubringen, ermöglichen den seelsorgerlich Begleitenden, sich nicht aufgrund von Überforderung für immer zurück zu ziehen. Eine »engagierte Distanz«, die immer wieder geübt wird, zeigt sich als Quelle der Kraft für die stets wieder notwendige Zuwendung.

* Bei der 25-jährigen Krankenschwester zeigen sich Anzeichen von Verfolgungswahn. »Ich war im Prüfungsstress, hatte Schwierigkeiten mit meinem Freund, auch Spannungen mit meinen Eltern... Im Krankenhaus schnappte ich beispielsweise aus irgendeiner Unterhaltung ein Wort auf, verdrehte es und meinte, man spreche von mir. Ich fühlte mich verfolgt. Ich konnte weder meine Gefühle noch meine Gedanken kontrollieren und richtig einordnen. Ich wurde zu ihrem Spielball.« Ganz langsam findet sie, unter Medikamenten und seelsorgerlicher Gesprächsbegleitung, die bei abklingender Krankheit immer mehr möglich wird, einen Realitätsbezug: »Habe ich mir vielleicht doch alles nur eingebildet?« Nun kann sachlich hilfreich weiter miteinander gesprochen werden. Innerhalb eines Jahres ist das Empfinden und Denken wieder normal.

* Dem 54-jährigen leitenden Angestellten begegnet man nur mit Unverständnis, Überheblichkeit und Kälte in der Firma, als er krank wird, seine Seele streikt und auch sein Körper nicht mehr mitmacht. Er vermag nicht mehr, den ganz normalen alltäglichen Anforderungen nachzukommen. Selbst das Autofahren, sonst

sein Hobby, wird ihm zur Überforderung. Anweisungen im Betrieb zu geben, ist ihm zuwider. »Mir fehlt jegliche Motivation. Ich bin ausgelaugt, müde, voller Schuldgefühle, dass ich nicht mehr kann wie früher. Jeder beobachtet mich. Man fährt mir sogar nach.« Er fühlt sich verfolgt. Seine Leistungsfähigkeit nimmt weiter rapide ab. Man sagt ihm: »Kurieren Sie sich aus. Sie haben ein halbes Jahr Zeit dafür. Wenn's dann nicht anders bei Ihnen wird, müssen wir Ihren Platz neu besetzen.« Der Druck nimmt zu. Der Gedankenzwang, kontrolliert zu werden auch. Er schafft die Regeneration nicht. Wird arbeitslos. Nur langsam findet er sich zurecht. Viele Gespräche sind notwendig, bis er sich mit dem Gedanken zu befreunden beginnt, dass der Wert seiner Persönlichkeit nicht von seiner Verwertbarkeit abhängt. Viele Spaziergänge, eine Ernährungsumstellung und Medikamente, über einen längeren Zeitraum genommen, normalisieren den Stoffwechsel. Freunde kümmern sich regelmäßig um ihn. Er erfährt Angenommensein. Das Thema Vergebung wird zum zentralen Thema. Er kann »seiner Firma«, führenden Personen »seines« Betriebs vergeben. Es dauert relativ lange, bis diese verstehen, was da abgelaufen ist. Später engagiert er sich ehrenamtlich im sozialen Bereich. Heute hilft er solchen, denen es ähnlich geht, wie es ihm ergangen ist. Er ist versöhnt mit Gott, sich selbst und der Welt. Wenn auch seine Belastbarkeit begrenzt ist, einen Rückfall hat es nicht mehr gegeben.

✻ Der 19-jährige Abiturient will das Handtuch werfen. »Es ist alles so sinnlos. Ich schaffe das doch nicht. Einmal«, sagt er, »bin ich mit meinen Gedanken und Gefühlen ganz oben – ich könnte Bäume ausreißen –, ein andermal wieder völlig am Boden zerstört, lebensmüde.« Der starke Vater hat überhaupt kein Verständnis für die Situation seines Sohnes. Er zeigt ihm sehr deutlich, dass er ein Versager sei. Es braucht seine Zeit, bis der Wechsel zwischen manischer Phase und »zu Tode betrübt« wieder abklingt. Neben entsprechenden Medikamenten helfen auch gezielte Gespräche, zu einer neuen Einstellung zum Lernen und zur notwendigen Abnabelung vom Vater zu kommen. Er schafft das Abitur, wenn auch ein Jahr später. Danach zieht er in eine Wohngemeinschaft.

* Der 40-jährigen Hausfrau wird alles zu viel. »Ich bin keine rechte Mutter mehr. In meiner Ehe versage ich auch ständig. Ich schaffe den Haushalt nicht mehr. Nichts macht mir mehr Freude. Am liebsten wäre ich nicht mehr da.« Dieser Gedanke wird zu einem Sog: »Ich habe versagt. Jetzt rächt sich meine Untreue im Glauben, dass ich nicht immer zur Bibelstunde gegangen bin.« Gespräche mit dem Arzt, einer Seelsorgerin und den Familienangehörigen, eine Kur und die in die Tat umgesetzten Erkenntnisse, sich in Zukunft persönlich mehr Freiraum zu gönnen, lassen dieses Zwangsgedanken nach einem dreiviertel Jahr verschwinden.

* Die 35-jährige Sekretärin macht einen Rundumschlag: »Keiner versteht mich. Alle sind gegen mich. Niemand lässt mich meine Fähigkeiten entfalten. Jeder kritisiert mich. Keinem kann ich es recht machen.« Es dauert lange, bis sie erkennt, dass in Wirklichkeit diese empfundenen Feindseligkeiten durch Enttäuschungen an sich selbst in ihrer Arbeit und in der Liebe hervorgerufen wurden. Es ist schwer, diese Gefühle des Versagthabens und der Minderwertigkeit zunächst zu akzeptieren und dann positiv zu kompensieren. Sie stimmen ja nicht mit dem Bild überein, das sie von sich hat. Auch der sexuelle Bereich bedarf einer neuen Sicht: Sexualität ist eine gute Gabe Gottes und soll in geordneten Bahnen mit Lust und Freude gelebt und erlebt werden. Das Erkennen der Zusammenhänge zwischen gesetzlicher religiöser Erziehung, den sexuellen Phantasiebildern und dem schlechten Gewissen entkrampfen die Zwangsvorstellungen, von Gott verworfen zu sein. Sie wechselt die Stelle und fängt an, mit einer neuen Einstellung zu Gott, zu sich selbst, ihrem Körper und ihrer Sexualität ihr Leben und ihre Beziehungen zu gestalten. Es ist harte Arbeit. Oft will sie aufgeben. Doch Ermutigung, die sie wissen lässt, dass man an sie glaubt, hilft ihr. Heute lebt sie in einer glücklichen Ehe mit sexueller Erfüllung. Ihr Gottesbild hat sich positiv verändert. Es ist nicht mehr nur von einem strafenden Gott, sondern auch von einem verständnisvollen, liebenden Gott geprägt.

»Zu jedem seelsorgerlichen Helfen gehört als erste Voraussetzung die Fähigkeit zu einem grenzenlosen Verstehen und Mittragen. Solches vermag aber nur, wer selbst schon abgründig gelitten hat unter dem

Versagen im eigenen Leben. Wer für seine Person um Versuchung, Anfechtung und Fallenkönnen weiß, der wird frei von jeder moralischen Überheblichkeit. Wer selbst allein von Gottes Barmherzigkeit und Wiedergutmachung lebt, wird liebreich und geduldig mit jedem, der uns in seine Seelenkämpfe hineinschauen lässt« (Prof. Dr. Adolf Köberle).

Literatur:
Walter Birkmayer, *Depressionen*, Deutscher Ärzte-Verlag GmbH
Michiaki Horie, *Achtung: Fehlschaltung*, R. Brockhaus Verlag, Wuppertal
Michiaki Horie, *Das verlorene Ich*, R. Brockhaus Verlag, Wuppertal
Gerhard Irle, *Depressionen*, Kreuz-Verlag, Stuttgart
Gerhard Noll, *Lebenshilfe für Gemütskranke*, Calwer Verlag, Stuttgart
Kurt Scherer, *Mit Stress leben – Der Weg zum inneren Gleichgewicht*, Hänssler-Verlag, Neuhausen
Kurt Scherer, *Umdenken und neu beginnen*, Hänssler-Verlag, Neuhausen
Kurt Scherer, *Krisen – Reifezeiten des Lebens*, Hänssler-Verlag, Neuhausen
Kurt Scherer, *Vergebung – das zentrale Problem*, Hänssler-Verlag, Neuhausen
Friedrich Schmied, *Lehrbuch der Psychiatrie und Neurologie für das Pflegepersonal*, W. Mahndrich-Verlag, Wien

Kassette:
Kurt Scherer, *Wenn die Seele nicht mehr singt . . .*, ERF-Verlag, Wetzlar; Bestell-Nr.: 11052

Depressiv – was nun?

Immer wieder passiert es, dass im Leben von jungen und älteren Menschen ganz plötzlich eine Depression ausbricht. Was nun? – ist dann die sehr bedrängende Frage.

Auch Christa, 45 Jahre, verheiratet, Mutter von zwei Kindern, bewusst mit Jesus lebend, wurde mit dieser Frage konfrontiert. Sie berichtet:

»Nach der Rückkehr aus dem Urlaub brach die Depression für mich völlig unerwartet ohne Vorzeichen aus. Ich wurde von einer tiefen Unruhe gepackt, von einer Angst, von der sich nicht sagen lässt, wovor. Sie steigerte sich, wenn es dunkel wurde und ich schlafen gehen musste. Ich konnte nicht stillliegen, wälzte mich, hatte das Gefühl, aufspringen zu sollen, um wie ein gefangenes Tier hin- und herzulaufen. Der Schlaf wollte sich nicht einstellen. Mein Mann sollte in wenigen Tagen zur Kur. Ihn wollte ich nicht beunruhigen. Da er einen festen Schlaf hatte, konnte ich ihm meinen Zustand verbergen. So war ich allein mit meiner Angst. Ich selbst konnte es nicht begreifen, in Worte fassen, was mir geschah. Wie sollte ich mich verständlich machen? Schreien hätte ich wollen und war doch so sprachlos. Es setzte sich das Gefühl fest, mich versteht doch keiner. Das trieb mich noch mehr in die Einsamkeit und nahm mir die Hoffnung, mich anderen anvertrauen zu können. Aber zu Gott konnte ich schreien. Ich tat es. Aber der erhoffte und sonst gewohnte und so sehr ersehnte Friede kehrte nicht ein. Je mehr ich Gott anbettelte und keine Hilfe erfuhr, umso verzweifelter, unruhiger und angsterfüllter wurde ich. Ich konnte nicht verstehen, was mit mir geschehen war. Ich fragte mich: Was habe ich getan, dass Gott mich verworfen hat? Schuldgefühle packten mich, dass ich etwas getan hätte, was ich nur nicht sah, Gott nicht eingestehen wollte. Aber so sehr ich forschte, ich fand nichts, was Gott nicht schon wusste. Ich hatte das Gefühl, zum Tod verurteilt zu sein. So suchte ich das seelsorgerliche Gespräch beim Gemeindepastor.

Er fand ein hilfloses Bündel, das weinte und an allen Gliedern geschüttelt wurde. Ihm versuchte ich mich verständlich zu machen. Er hörte mir zu. Er hielt mir keinen Schwall Bibelworte vor, noch forschte er nach Sünde in mir, noch gab er mir den Rat, wie ich es zuvor bei jedem anderen getan hätte, nicht aus Hochmut, sondern aus guter Erfahrung: Bete nur und du wirst ruhig werden.

Nein, er nahm mich mit meiner Angst an. Er nahm sie mir ab, redete sie mir nicht aus, bagatellisierte sie nicht. Er betete nur mit mir, nachdem er mir Folgendes erzählt hatte:

›Ein alter Vater in Christus aus meiner vorigen Gemeinde lag im Krankenhaus und litt unter Ängsten und als Christ zwangsläufig unter Schuldgefühlen. Er zweifelte plötzlich daran, dass Gott ihm vergeben hätte. Er starb wenig später, und nach seinem Tod wurde festgestellt, dass er eine Geschwulst hatte, die auf das Herz drückte und die Angstgefühle ausgelöst hatte.‹ In diesem Vater in Christus konnte ich mich annehmen und es ins Auge fassen, dass vielleicht auch bei mir etwas ›Krankhaftes‹ vorliegen konnte. Das milderte mein Gefühl, von Gott verlassen zu sein, und ich konnte beten: ›Und wenn ich schon wanderte im finstern Tal, so bist du doch bei mir.‹

Von der Hausärztin zu einer Neurologin überwiesen, wurde als Diagnose ›endogene Depression‹ festgestellt, was allerdings nicht ganz zutraf, wie sich später herausstellte.

Von der Ärztin bekam ich Schlaftabletten. Nun konnte ich wieder ruhiger einschlafen und brauchte keine Angst mehr vor dem Zubettgehen zu haben. Die Angstträume blieben jedoch. Manchmal wachte ich mit einem rasenden Herzen und in großer Aufregung auf. Es dauerte dann eine gewisse Zeit, bis ich mich beruhigt hatte, um weiterschlafen zu können. In diesen dunklen Nachtstunden empfindet man alles so übermächtig, so erdrückend. Alle Probleme werden zu Riesen. Während dieser Zeit wachte ich sehr oft nach dem Morgengrauen auf und konnte nicht mehr einschlafen, obwohl ich noch müde war. Wenn ich an all das dachte, was ich schaffen musste, was für den Tag vor mir lag, dann brach die Welt über mir zusammen. Das würde ich nie schaffen können. Ein Gefühl der Unruhe überfiel mich erneut. Am liebsten hätte ich mich im Bett vergraben. Aber je länger ich morgens liegen blieb, umso mehr schalt ich mich faul, eine schlechte Mutter und Ehefrau zu sein. Ja, die Schuldgefühle ganz besonders meiner Familie gegenüber!

Waren die Kinder mit neun und 13 Jahren nicht in einem Alter, in dem sie eine fröhliche Mutter brauchten, die ihnen in ihrer Pubertät stabil zur Seite stand? Ich aber lief mit einem traurigen Gesicht herum und war sehr in mich gekehrt. Schon ihre mitfühlende Frage ›Mutti, was hast du, geht es dir heute nicht gut?‹ ließ mich in Tränen ausbrechen, merkte ich doch, ich bereitete ihnen Kummer mit meinem Zustand. Auch meinem Mann machte ich nun solchen Kummer, denn er stand genauso hilflos vor meiner Situation wie ich. Wie sollte er sich verhalten? Ich war außerstande, mein Befinden zu beschreiben. So zog ich mich noch mehr in mich zurück. Es litt jeder für sich. Damals hat es mir wehgetan, dass mein Mann keine Schritte auf mich zu unternahm. Heute weiß ich, dass es ihm nicht möglich war, dass auch er erst mit der Angst fertig werden musste, die mein Zustand in ihm auslöste. Ich traute mir nichts mehr zu. Ich versuchte, mich zusammenzureißen. Hundertmal sagte ich mir: Was willst du eigentlich? Es geht dir doch gut. Du hast zwei gesunde Kinder, einen dich liebenden Mann, wirtschaftlich geordnete Verhältnisse. Du bist undankbar. Wieder ein Grund, ein schlechtes Gewissen zu haben.

Als Christ in meiner Gemeinde erlebte ich mich ebenfalls als Belastung. Mit so einem traurigen Gesicht bezeugte ich doch nicht den Herrn meines Lebens, kein fröhliches Christentum. Stand ich anderen nur im Weg zu Gott? Welche Schuld lud ich dann auf mich? Auch hier Grund, ein schlechtes Gewissen zu haben.

Die Ärztin war mit der Besserung nicht zufrieden, was sie mir ziemlich verärgert zu verstehen gab und auch die Schuld dafür bei mir sah. ›Sie sind zu sensibel, nehmen Sie nicht alles so schwer. Jeder hat sein Päckchen zu tragen,‹ war ihre Meinung. Manche Ärzte berücksichtigen gar nicht, dass der augenblickliche Nervenzustand es dem Depressiven unmöglich macht, ihre Äußerungen und Ratschläge als Trost und Hilfe anzunehmen. Weinend verließ ich die Praxis und lief verzweifelt durch die Straßen. In mir entwickelte sich der Gedanke, ich wäre nicht normal und es würde nicht mehr lange dauern, dann würden sie mich in eine Heilanstalt einliefern.

An einem Morgen hieß es im Losungsbuch aus Hiob: ›Haben wir von Gott das Gute empfangen und sollten das Böse nicht annehmen?‹ Ich sagte Gott: Wenn es dein Weg für mich ist, den Verstand zu verlieren und in eine Heilanstalt zu kommen, dann wirst du auch für meine Familie sorgen und wirst mit ihr sein. Nachdem ich Gott in dieser Weise meine Zukunft übergeben hatte, durfte ich ruhiger werden, und mein Zustand besserte sich so, dass ich ein Vierteljahr später eine Kur wegen einer in der Depressionsphase festgestellten Nierenbeckenentzündung antreten konnte. Gott fügte es, dass bei der Antragsstellung meine Depression auffiel, und so kam ich in eine Klinik der BfA für pyschosomatische Erkrankungen.

Bei der Antrittsuntersuchung interessierte sich der Arzt wenig für meine Röntgenaufnahmen, sondern fragte mich, welchen Belastungen oder Schwierigkeiten ich ausgesetzt wäre. Mir fiel nichts Besonderes ein, deshalb meinte ich, ich könne gut abschalten und würde mich gut erholen. Der Arzt sagte mir ganz klar, dass ich dazu nicht in der Klinik wäre, sondern dass ich mir meiner Konflikte bewusst werden sollte, sie erkennen und meine Lebenssituation ändern müsse. Gut erholt in die alte Situation heimzufahren nütze nichts. Die Erholung wäre in kurzer Zeit dahin und nichts gebessert.

Das war das erste Mal, dass mich jemand auf psychische Ursachen hinwies. Zuerst wollte mir nichts einfallen. Doch dann fielen mir Dinge ein, die mich belasteten. Nach neun Wochen kehrte ich mit dem Rat heim, mich einer therapeutischen Behandlung zu unterziehen.

Ich hatte große Angst davor, besonders vor einem Therapeuten, der mich nicht in meinem Glauben verstehen oder belassen könnte. Doch ich folgte dem Rat, ich fand einen gläubigen Arzt und Therapeuten. Bei ihm fühlte ich mich das erste Mal richtig geborgen, angenommen und verstanden. Er betreute mich mit antidepressiven Medikamenten und machte mir Mut, eine Therapie bei einem seiner Mitarbeiter anzutreten und dies als eine von Gott gewiesene Möglichkeit anzunehmen. Unter wieviel Zweifeln und Schuldgefühlen litt ich deshalb. Hatte ich nicht von klein auf gelernt, Gott allein sei für die Seele zuständig? Vertraute ich ihm nicht mehr? War ich ungehorsam? Nahm ich mich zu wichtig? War es mir gestattet, mich so intensiv mit mir selbst zu befassen, statt die Zeit für andere zu nutzen? Seelisch Erkrankte haben es viel schwerer als körperlich Erkrankte. Bei seelisch Erkrankten tippt man auf eine Geisteskrankheit, und mit Irren will man nichts zu tun haben. Seelisch Erkrankte sind verdächtig, man kann ja nie wissen, wozu sie fähig sind. Seelisch krank zu sein ist ein Makel. Als seelisch Erkrankter wird man bespöttelt, belächelt, gemieden. Da heißt es: Sag es bloß keinem anderen, was soll man von unserer Familie denken! Am Arbeitsplatz darf man sich nichts anmerken lassen. So ein labiler Mitarbeiter ist nicht tragbar. Es ist unbeschreiblich, welche zusätzliche Not Depressive durch ihre Umwelt erfahren. Als Christ noch dazu die, dass ihnen mehr oder weniger deutlich gesagt wird, ob das denn Glaubensgehorsam sei, wenn man sich therapeutisch behandeln lässt und Therapie und Psychologie mehr oder weniger als vom Teufel kommend zu betrachten sind. Überhaupt als Christ eine Depression zu haben, ist verdächtig. Da hat es ein körperlich Erkrankter viel besser. Sein Leiden wird respektiert, nicht als Makel empfunden oder behandelt. Nein, man ermutigt ihn, alles zu tun, damit er gesund wird. Aber ein Depressiver, dem fehlt ja nichts, der braucht sich nur nicht so wichtig zu nehmen, sich dafür zusammen zu reißen, denn es ist ja alles Angeberei, Wichtigtuerei. Lässt man das, dann ist man auch wieder gesund. Alle Zweifel, alle Not hat mich noch mehr zu Gott getrieben, der der Einzige war, der mich wirklich kannte.

Morgens, wenn meine Familie aus dem Haus war, nahm ich mir viel Zeit für die Andacht. Wie oft passte die Losung mit der Betrachtung genau in meine Situation. Ich empfand es als einen Teil meines Zwiegesprächs mit Gott, in dem er zu mir redete. Das gab mir Trost und Kraft für den Tag. Der andere Teil meines Zwiegesprächs mit Gott bestand darin, dass ich Gott immer wieder neu sagte, was mich bedrückte, wie elend ich mich fühlte, welche Ängste ich hatte, an welchen Schuldgefühlen ich litt. Ich fragte ihn, warum ich so handelte und empfand. Ich bat ihn, mir zu helfen, verdrängte Konflikte aufzudecken, mir Erinnerung an wichtige Ereignisse zu schenken, die ich vergessen hatte. Manchmal schwieg ich auch nur und ließ mich von der tiefen Stille einhüllen. Ich wusste, Gott allein konnte mir die Antworten geben auf die vielen Fragen meines Lebens, die im Rahmen der Therapie auftauchten. Antworten, die so wichtig für mich waren und die er wusste. Er nur kannte jeden Anlass, warum und wie ich wurde, was ich nun war. Die Therapie erstreckte sich über einen längeren Zeitraum. Sie war ein gnädiges Eingreifen meines Gottes, eine Korrektur, ein Rausschmeißen aus alten Gleisen, ein Durchbrechen von Teufelskreisen. Dies zu erkennen und mich von ihm herausgeliebt zu fühlen, mich anzunehmen, war Inhalt der Therapie. Ein Geschenk war es, dass ich zu diesem Therapeuten kam, der mir in unendlicher Geduld zuhörte, der mir das Gefühl gab, er nimmt mich ernst. Dem ich alles sagen konnte, ohne Furcht, er lehnt mich dann ab.

In dieser Situation des Angenommenseins wurde ich offen für Fragen meines Lebens, die ich bisher überhört oder verdrängt hatte. Mit Hilfe des Therapeuten begann ich zu hören. Auf die Fragen folgten Antworten; sie lagen nicht nur im zwischenmenschlichen Bereich, sondern sie betrafen auch meinen Glauben.

Gott ließ mich zum Beispiel befreiend erkennen, dass ich mit meiner Sorge, anderen wegen meiner depressiv bedingten Traurigkeit im Weg zu stehen, es nicht ihm überließ, wann er mich im Leben anderer Menschen gebrauchen wollte. Ich brauchte mich nun nicht mehr zu sorgen. Gott zeigte mir aber auch, dass ich Lasten, Aufgaben und Verantwortung trug, die er mir gar nicht aufgelegt hatte. Es heißt doch, ›der in euch wirkt beides, das Wollen und das Vollbringen‹. Gott wollte beides in Händen haben. Ich sollte mich seinem Wollen und Vollbringen öffnen. Damit fiel eine große Verantwortung, der ich doch nicht gerecht werden konnte, von mir ab. Das bedeutet aber, dass ich nun nicht mehr darauflos handle, sondern ihn frage, was er will. Meine Beziehung zu ihm muss zwangsläufig enger werden. So fühle ich mich auch nur noch ihm gegenüber verantwortlich und lerne es zu ertragen, wenn andere mit meinem Tun nicht einverstanden sind. Die Kunst, es allen recht zu machen, hatte meine Kräfte erschöpft. Werde ich Gott in allen seinen Erwartungen an mich immer richtig verstehen? Ich glaube nicht. Aber ich habe drei Gewissheiten:

- Gott erwartet von mir, dass ich lebe, handle, auch wenn ich dabei Fehler mache, Unrecht tue.
- Gott vergibt mir diese Fehler, mein Unrecht.
- Gott kann mir meinen erneuten Irrtum zeigen und mich auch ein weiteres Mal auf den richtigen Weg bringen.

Im zwischenmenschlichen Bereich erkannte ich, dass ich mich verhielt, wie ›man‹ es erwartete von einer guten Tochter, einer guten Mutter. Damit ist das Verhalten gemeint mit Tätigkeiten und Eigenschaften, die so pauschal von guten Töchtern, Frauen, Müttern erwartet werden. Nie hatte ich gefragt, ob sie meinen Anlagen gemäß sind, ob sie wirklich gefordert werden, ob die Forderungen in dieser Weise nicht ungerechtfertigt sind und ob sie überhaupt meinem Auftrag von Gott her entsprechen. Ob sie in meiner Situation erforderlich waren oder die Aufgabe eines anderen. Damit hing so viel von mir ab. Das Ergebnis war, dass ich mit einem permanent schlechten Gewissen herumlief und mich verachtete. Jesus hat aber gesagt: ›Liebe deinen Nächsten wie dich selbst!‹ Mich zu lieben, musste ich lernen. Das fiel und fällt mir noch immer schwer. Auch hier wie im Bereich des Glaubens kann ich es nicht allen recht machen. Sondern ich muss lernen, Gott gegenüber zu erfahren, was er im Zusammenleben mit anderen Menschen von mir erwartet. Auch hier muss ich lernen, es zu ertragen, wenn andere mit meinem Handeln nicht einverstanden sind. Auch hier erwartet Gott mein Handeln, was nicht frei von Fehlern und Unrecht ist, was er mir aber vergeben wird und mich immer wieder neu zurecht bringen wird.

Außer der Therapie habe ich, um mich besser zu verstehen, zu erkennen, was Psyche bedeutet, etliche empfohlene oder mich interessierende Bücher gelesen, habe Vorlesungen im Rahmen der Erwachsenenbildung gehört. Es war keine leichte Zeit. Aber ich möchte sie nicht missen. Nun weiß ich, was Depression in meinem Fall bedeutet. Ich habe die Angst vor der Zukunft weitgehend verloren. Die Depression trat in leichten Phasen zwischendurch immer wieder einmal auf. Ich kann ›ja‹ dazu sagen, dass ich in solchen Zeiten nicht die Fähigkeit besitze, mich zusammen zu reißen, Hoffnung und Fröhlichkeit zu entwickeln, alles leicht zu nehmen. Gott, mein Schöpfer, hat meine Psyche geschaffen und in sie wie in meinen

Organismus Gesetzmäßigkeiten gelegt, denen ich unterworfen bin. Ich danke Gott, dass meine Depression nicht so schwer war, dass ich selbstmordgefährdet war.

Ein paar ganz praktische Hilfen aus meiner Sicht, wenn es heißt: Depressiv – was nun?

– Aus eigenem Erleben weiß ich: Der erste Schritt sollte der Weg zum Arzt sein, der feststellen kann, ob Sie tatsächlich an einer Depression leiden. Es ist ganz wichtig, dass Sie dann antidepressive Medikamente erhalten. Sie können über einen längeren Zeitraum eingenommen werden. Sie dämpfen die in diesen Phasen auftretenden Ängste und hellen die gedrückte Stimmung auf. Es wird Ihnen dann wieder möglich sein, Ihren Alltag zu bewältigen.

– Vielleicht gewinnen Sie dann wie ich den Mut, nach den Ursachen Ihrer Depression zu fragen. Es ist keine leichte, aber eine lohnende Aufgabe, um aktiv an Ihrer Heilung mitzuwirken. Mir ist dabei bewusst geworden, dass ich den Dingen meines Lebens nicht hilflos ausgeliefert bin, sondern dass ich von Gott einen Verstand und Hände erhalten habe, um beides zu gebrauchen. Natürlich geht das nicht von heute auf morgen, sondern langsam. Oft ging es zwei Schritte vor, einen zurück. Manchmal hatte ich das Gefühl, ich trete auf der Stelle oder es hat doch alles keinen Sinn, du schaffst es nicht. Der immer wieder neue Anlauf, der eiserne Wille, ›aber ich will gesund werden‹, das Wissen, ich bin von Gott auf diesen Weg gestellt, haben mir den Mut, die nötige Kraft gegeben, durchzuhalten. Diesen Mut und diese Kraft wünsche ich Ihnen.

– Das Gespräch war mir ganz wesentlich und hat mir entscheidend weitergeholfen.

– Es hat mir geholfen, Bücher zu lesen, die mir erklärten, was Depression ist, wie sie verläuft, was hinter ihr für Ursachen stehen. Bücher, die mir klar machten, was Psyche bedeutet, welchen gesetzmäßigen Abläufen sie unterworfen ist. Das half mir, mich besser zu verstehen und viele Ängste vor der mir unbekannten Krankheit abzubauen.

– Außerdem habe ich mir einen Ordner angelegt, in dem ich alles aus mir herausschrieb, wenn ich es keinem sagen konnte. Es hat mir jedesmal Druckerleichterung geschenkt.

– Es hat mir geholfen, Gott sagen zu können, wie elend ich mich fühlte, auch wenn ich ihn nicht verstand. Er hat mich angehört als ein liebender Vater, dem man wirklich alles sagen darf. In Zeiten, in denen die Nerven sehr strapaziert waren, habe ich gelernt, keine beruhigende Wirkung vom Gebet zu erwarten, weil die Nerven keine Ruhe zulassen. Das schützt mich vor zusätzlicher Verzweiflung. Ich habe gelernt, zu respektieren, dass dann zwischen Gott und mir eine Wolke ist, die aber vorüberzieht.
– Ich wünsche Ihnen Hoffnung, aus der Sie Geduld mit sich selbst und Ihren Angehörigen schöpfen können. Die Depression hat, wenn auch für Sie vielleicht unbemerkt, eine gewisse Entwicklungszeit. Auch zum Abklingen bedarf es eines gewissen Zeitraumes.

Noch ein paar Anmerkungen zu der Frage, wie ich einen depressiven Menschen in meiner Familie begleite:

– Es ist wichtig für Sie zu wissen, dass Depression keine Geisteskrankheit ist, keine Besessenheit, sondern dass jeder zu jedem Zeitpunkt depressiv werden kann – auch Christen.
– Es ist wichtig zu erkennen, wie hilflos Sie vor der Situation des Depressiven stehen, wieviel Angst sie Ihnen macht, weil auch Sie nicht mit der Situation umgehen können.
– Das wird Ihnen helfen, keine Forderungen an den Depressiven zu richten, wie: er solle sich zusammennehmen oder auf das Unglück anderer schauen, was noch größer ist. Das empfindet der Depressive als unbarmherzig, weil er fühlt, er wird in seiner Not nicht ernst genommen. Er ist tatsächlich in dieser Situation außerstande, sich zusammenzunehmen.
– Dieses Wissen verhindert, dass Sie ärgerlich reagieren. Sagen Sie auch nicht: Kopf hoch, alter Junge, es wird schon wieder, lass mal, bald lachst du darüber oder ähnliches. Das ist billiger Trost, der nicht tröstet.
– Es ist dann besser, die eigene Hilflosigkeit einzugestehen und zu sagen: Mir fehlen die Worte, die dich trösten können. Eine stumme Umarmung drückt mehr Nähe aus. Sie schafft vielleicht die nötige Atmosphäre, dass der Depressive sich öffnet und endlich davon reden kann, was ihn belastet.

– Mit Ratschlägen sollten Sie zurückhaltend sein, sie besser unterlassen. Sie helfen dem Depressiven mehr, wenn er Ermutigung durch Sie erfährt, selbst herauszufinden, was ihm not tut und eigene Entschlüsse fasst und in die Tat umsetzt. Denn er muss dahinterstehen können und sie verantworten. Ich bin meinem Therapeuten dankbar, dass er mir Ratschläge verweigerte, nicht meine Zukunft plante, sondern mich zwang, eigene Schritte, die ›Fortschritte‹ bedeuteten, zu tun.

– Auch Angehörige können mithelfen, dass der Depressive besser mit seiner Krankheit zurecht kommt. Vielleicht macht das Beispiel meines Mannes Mut. Er hat sich ein Buch über Depressionen gekauft, um mich besser verstehen zu lernen. Er hat mich auch zu den Vorlesungen begleitet. Wir haben zu einem späteren Zeitpunkt gemeinsam Therapie gemacht. Das ist die intensivste Begleitung, die es für Eheleute oder Eltern gibt.

– Wesentlich ist auch, dass Gemeindemitarbeiter und Gemeindeglieder die richtige Vorstellung gewinnen. Meine Erfahrung zeigt, dass in unseren Gemeinden seelische Nöte noch recht oft mit mangelndem Glauben gleichgesetzt werden. Wer möchte sich einem solchen abwertendem Urteil aussetzen? Deshalb verbergen sich depressive Christen hinter einer Maske und sind schwer zu erkennen. Damit sind sie in eine Isolation gedrängt und sehr einsam. Sie sehnen sich nach einer Aussprache und dürfen sie doch nicht herbeiführen, aus Angst, sie verlören ihr Gesicht. Als ich mich zu meiner Depression offen bekannte, war ich erstaunt, wieviele mich ansprachen und mir sagten, dass es ihnen genauso ginge, sie sich aber nie getraut hatten, darüber zu reden. Sie waren froh, nun über ihre widerstreitenden Gefühle, Ängste und Sorgen mit jemandem reden zu können, der sie verstand und ihren Glauben nicht in Zweifel zog oder sie als labil oder spinnert abtat.

– Durch mein eigenes Erleben werde ich nun stutzig, wenn ein sonst fröhliches Gemeindeglied plötzlich einen sehr in sich gekehrten Eindruck macht oder leicht in Tränen ausbricht. Es könnte sich dann um eine Depression handeln. Hier frage ich dann vorsichtig, ob es etwas gibt, was ihn bedrückt. Es ist ihm dann freigestellt, es mir zu sagen. Meist ist ein Depressiver dankbar für das Ansprechen, da ihm der Mut fehlt, auf einen anderen zuzugehen. Ich frage ihn dann auch, ob er sich vorstellen könnte, dass er in einer depressiven Phase ist. Ist das der Fall, ermutige ich ihn, einen Arzt aufzusuchen, damit ihm recht bald medikamentös geholfen wird. Weitere Schritte können dann gemeinsam überlegt werden.

– Eine weitere Erfahrung von mir ist es, dass viele Christen es von sich weisen, dass sie Probleme haben oder sich in einer seelischen Not befinden. Sie meinen, dass sie das Gott gegenüber schuldig wären. Es sind gerade die Leute, vor denen sich Depressive wegen ihres harten Urteils fürchten. Fachleute rechnen damit, dass sehr viele Patienten, die beim Hausarzt wegen allgemeiner Beschwerden erscheinen, an organischen Symptomen leiden, die seelische Ursachen haben. Gehören wir zu diesen vielen, so gehören wir zu denen, die sich ihrer täglichen Belastungen, Probleme nicht bewusst sind oder sie verdrängen, bis unsere Seele nur einen Ausweg sieht, damit fertig zu werden: einen Hilfeschrei über körperliche Symptome an uns zu richten. In diesem Sinne sind wir dann auch seelisch Kranke, wenn auch noch nicht depressiv. Diese Erkenntnis könnte uns in zweierlei Hinsicht hilfreich sein:

– Wir fühlen uns nun mit den Depressiven viel verbundener, verstehen sie besser und können ihnen aus diesem Verstehen heraus besser helfen.

– Wir können uns fragen, warum unsere Seele über körperliche Symptome nach Hilfe schreit. Wo belaste ich sie, wo kann ich Druck abbauen? Ist das nicht ein Stück Verantwortlichkeit unserem Körper gegenüber als gute Haushalter? Jesus will, dass wir an Leib und Seele gesund sind. Er hat sich der Sünden, Sorgen und Lebenssituationen angenommen. Solch eine umfassende Seelsorge sollten wir neu von ihm lernen.«

Quelle:
Kassette: Kurt Scherer/Christa Schalow, *Weg aus dem Dunkel*, ERF-Verlag, Kassette-Nr.: 11003

Wenn die Seele über die Organe SOS schreit

Es gibt eine Tendenz, die Störung oder Krankheit im Körper eines Menschen so rasch wie möglich durch Medikamente oder Kuren usw. beseitigen zu wollen. Durch Reha-Maßnahmen soll ein körperlicher Defekt repariert werden, ohne dass nach den Hintergründen gefragt wird. Verfährt man so, zeigt sich, dass der Patient dann oft nichts Entscheidendes für sein Leben gelernt hat. Zunehmend setzt sich nun die Erkenntnis durch, dass Krankheit etwas über den Gesamtzustand unseres Menschseins aussagen will. Es gibt Krankheitsbilder, die deutlich machen, dass dahinter mehr als körperliche Krankheit steckt.

Die persönliche Einstellung zur Krankheit, zum Leid und Leiden kann diese erheblich verstärken, aber auch lindern: Ich kann meine derzeitige Lebenslage ignorieren, verdrängen; ich kann aber auch fragen: Was steckt dahinter? Ich kann mich ihr auch stellen, sie annehmen und konstruktiv verarbeiten. Ich kann sagen: Herr Doktor, hier bin ich, machen Sie mich gesund. Ich kann aber auch fragen: Wo bin ich Mitverursacher? Was ist mein Teil, den ich zur Besserung bzw. Gesundung beitragen kann? Was können andere dazu beitragen?

Mir geht es in diesem Kapitel darum, Hilfen zu geben, die geheimen Signale von Schmerz, Krankheit und seelischem Unwohlsein besser verstehen zu lernen. Sie sind Mahnung, über unsere Endlichkeit, unser Sterben und den Tod nachzudenken. Unverarbeitete Angst davor reduziert die Lebenskräfte, schmälert die Lebensfreude und reduziert die Zukunftshoffnung. In der Krankheit liegt also ein Sinn. Ihn zu entdecken, anzunehmen und umzusetzen profiliert die Persönlichkeit, gibt ihr die Chance nachzureifen.

Krankheit, seelischer Schmerz will so etwas sein wie eine »Aus-Zeit«, um zur Besinnung zu kommen, mich neu zu orientieren. Dabei hat der Glaube eine bedeutende Aufgabe.

Die Zahl der psychosomatisch erkrankten Menschen steigt immer mehr. Über die Körperorgane funkt die Seele SOS. Viel zu lange hat man die Geheimnisse der Organsprache – gerade auch im Bereich der Gemeinde Jesu – nicht ernst genug genommen. Um so dringlicher ist es, diese Zusammenhänge erkennen zu lernen, ernst zu nehmen und bewusst in die Seelsorge und Therapie mit einzubeziehen.

Unser Glaube, Jesus Christus, hat es zu tun mit unserem Geist,

unserem richtigen und verkehrten Denken. Ja, man kann nicht nur verkehrt denken, sondern auch glauben, ausgelöst zum Beispiel durch eine falsche und falsch verstandene Verkündigung und auch falsche christliche Erziehung:

»Als Älteste von vier Geschwistern wuchs ich in einem Elternhaus auf, das geordnet und durchaus als intakt zu bezeichnen war.

Die Erziehung lag größtenteils in den Händen meiner Mutter, da Vater tagsüber bei der Arbeit und abends recht müde war. Er trat in der Familie nur auf, um von Mutter berichtet zu bekommen, was tagsüber alles los war.

Ich empfand Vater als sehr autoritär. ›Was ich sage, wird gemacht!‹ ›Ich dulde keine Widerrede.‹ ›Bei Tisch halten die Kinder den Mund.‹ Das war so seine Sprache.

Alles musste exakt sein, z. B. die Schulaufgaben. Öfters saß ich abends noch da, um das, was vor Vater nicht bestehen konnte, nochmals zu machen. Immer wieder gab's deswegen Schläge.

Eine positive Folge hatte das Ganze: Ich war eine sehr gute Schülerin.

Von klein auf betete meine Mutter mit uns Kindern vor dem Schlafengehen – meist vorformulierte Kindergebete. Gott wurde immer mehr zu der Autorität, die bestimmte Dinge erlaubte oder verbot. Er passt auf, ob ich alles richtig mache – auch vor ihm musste ich gute Leistungen vorweisen.

Bestimmte Richtlinien galten einfach, sie waren nicht hinterfragbar, bzw. meine Eltern ließen da nicht mit sich reden, z. B. keine kurzen Haare, kein Tanzkurs, kein Kino oder Theater. ›Im Kino wird der Teufel an die Wand gemalt.‹ Um nachzusehen, ob das zutrifft, ging ich einmal heimlich mit einer Freundin hin und war anschließend sehr erleichtert, dass das nicht stimmt . . .

Über Sexualität wurde nie gesprochen. In mir entstand damals der Eindruck, als Christ macht das Leben keinen Spaß. Alles, was die andern dürfen, ist mir verboten.

Die Ehe meiner Eltern erschien mir alles andere als erstrebenswert. Ich vermisste Geborgenheit und liebevolles Miteinander.

Natürlich glaubte ich auch in dieser Zeit an Gott, aber eine konkrete Aussage zu diesem Thema und meinen Alltagsproblemen erwartete ich nicht.

Als ich dann zur Ausbildung nach Stuttgart kam, war ich froh, mein Leben nun selbst gestalten zu können. Auf der Suche nach einer Jugendgruppe sah ich immer wieder die Plakate des OA (Offener Abend). Die Themen waren für mich unheimlich lockend, z. B. politische Themen, Theaterabende, Feste. Was hat der Glaube mit Denken zu tun? Lebensberichte, Eheseminar. Diese Vielfalt – und das wollen Christen sein, das musste und wollte ich mir näher ansehen.

So lernte ich nach und nach die Gruppe kennen, auch mit allen anderen Bereichen: Gesprächskreise, verbindliches Leben, Studienreisen, Erholungsurlaube, Mitarbeiterbesprechungen usw. Allmählich lernte ich Gott als den kennen, der mein Leben entfalten und reich machen will. Er ist der liebende Vater, der zunächst mal zu mir steht und nicht ständig den Zeigefinger erhebt und Forderungen stellt. Ich bin auch nicht nur dann von ihm angenommen, wenn ich exakte Leistungen bringe und möglichst keine Fehler mache.

Wie groß mein Mangel an Zuwendung und Liebe war, merkte ich auch im Umgang mit meinem Mann. Anfangs fiel es mir sehr schwer, auf ihn einzugehen und seine Situation zu sehen – ich wollte doch Geborgenheit haben und Liebe. Bald merkte ich jedoch, dass soviel Geborgenheit, wie ich sie erwartete, nur Gott geben kann und jeglicher Mensch damit überfordert ist.

Inzwischen haben wir drei Kinder. Ihnen möchte ich gerne etwas von der Freiheit an der Hand Gottes vorleben und mitgeben, gerade in den Alltagssituationen.«

Unser Glaube, Jesus Christus, hat es zu tun mit unserer Seele,

den guten und schlechten Gefühlen, z. B. Hass, Neid, Bitterkeit, Eifersucht, aber auch mit Friede, Freude, Geborgenheit, Zufriedenheit.

»Meine Kindheit verbrachte ich im Elternhaus – besser gesagt im Vaterhaus, da meine Mutter bereits in meinem vierten Lebensjahr starb. Mein Vater, ein strenger, autoritärer Mann, war zur Kundschaft seines Mühlenbetriebs immer sehr freundlich, zur Familie jedoch barsch und lieblos und wegen seiner Zornesausbrüche unberechenbar. Wir Kinder – zwei ältere Schwestern und ich – wurden sehr früh zur Mithilfe in der Mühle eingespannt. Entsprachen die dort erbrachten Leistungen nicht den väterlichen Vorstellungen, erhielten wir häufig Prügel. Ein Lob für gute Arbeit, z. B. auch für gute Schulnoten, gab es zu Hause kaum, aus der Nachbarschaft und dem Bekanntenkreis jedoch öfters. Vater benützte die kleinsten Anlässe zum Tadeln. Musste ich ihm beispielsweise einen Schraubendreher vom Werkzeugschrank holen, brachte ich garantiert den falschen. Ich wurde gescholten und musste noch mehrmals laufen, bis das gewünschte Werkzeug da war. Allerdings zeigte sich häufig am Schluss, dass der zuerst gebrachte Schraubendreher doch der richtige war. Solche Widersprüche machten mich sehr oft unsicher, was richtig und falsch sei. Ich zweifelte an meinem Entscheidungsvermögen und wurde misstrauisch gegenüber meinen Mitmenschen. Das Zweifeln wurde noch besonders dadurch verstärkt, dass mein Vater sich einerseits gut in der Bibel auskannte und sich auch in vielem danach richtete, andererseits jedoch häufig in grenzenloses Fluchen ausbrach. Zur Kirche ging er nur am Karfreitag und am 1. Weihnachtstag. Wir Kinder allerdings wurden jeden Sonntag streng zum Besuch des Gottesdienstes und der Christenlehre angehalten – auch wenn wir vorher oder danach noch in der Mühle arbeiten mussten.

Das Vorbild des lieblosen Papas vor Augen stand ich frühzeitig recht skeptisch dem ›lieben Vater‹ aus der Bibel gegenüber. Ich formte mir das Bild eines übermächtigen, strafenden, gnadenlosen Wesens, das unser All geschaffen und das Leben angestoßen hat, jetzt aber nur noch nach unseren Fehlern fahndet und diese bestraft. Die Zehn Gebote hörte ich in dem Ton: ›du musst‹ bzw. ›du darfst nicht‹. Wozu brauchte man noch Jesus? Um einen Aufpasser mehr zu haben? War er nach der Bergpredigt nicht sogar noch strenger als der ›liebe Gott‹? Mit dem Heiligen Geist und dem 3. Glaubensartikel wusste ich gar nichts anzufangen.

Um ja nichts falsch zu machen, wurde ich sehr gesetzlich. Meine Grundlagen bestanden dabei jedoch nur aus Sprichwörtern und den Zehn Geboten. Aber diese konnte ich wiederum nicht einhalten. Z. B. war es mir nicht möglich, nach dem 4. Gebot den Vater zu ehren, den ich oft nicht ausstehen konnte. Das 3. Gebot war mit der sonntäglichen Arbeit nicht in Einklang zu bringen. Diesem ziellosen Umherirren hätte ich vielleicht durch einen Sprung in den Mühlweiher ein Ende gemacht, wenn mich nicht das 5. Gebot davon abgehalten hätte.

Ein Aufbäumen gegen Vaters Willen führte zur Ausweisung aus dem Elternhaus. Mein Ehrgeiz trieb mich, dem Vater zu beweisen, dass ich doch etwas könne und nicht alles falsch mache. Das Studium wurde ohne Schwierigkeiten absolviert. Danach – am Arbeitsplatz – traten die in der Jugendzeit angehäuften Komplexe voll in Erscheinung. Misstrauen gegenüber jedermann machte mich unfähig, im Beisein eines anderen etwas zu arbeiten. Ich war sehr nervös und hatte schlaflose Nächte. Die Unsicherheit über ›richtig‹ und ›falsch‹ machte mich unfähig, mir eine eigene Meinung zu bilden. Hatte ich einmal eine Meinung übernommen, dann verteidigte ich sie bis ins Letzte. Dadurch wurde ich diskussionsunfähig und ging Gesprächen aus dem Weg. Ich vereinsamte innerlich vollkommen.

In diesem Tiefpunkt verwies mich eine Sozialbetreuerin am Arbeitsplatz auf den OA (Offener Abend). Scheu ging ich hin und misstraute den freundlichen Einladungen. Im biblischen Hauskreis brachte ich meine früheren Einwände gut an, um in den Blickpunkt zu kommen. Die anderen Teilnehmer reagierten aber nicht einmal aggressiv, sondern bauten meine Angriffe mit in das Gespräch ein. Nach dem Gesprächskreis gab es kein Kopfschütteln über mich, sondern zwei Mitarbeiter boten mir Mitfahrgelegenheit zu meiner Wohnung an. Unerklärlicherweise fühlte ich mich angezogen. Älteren

Mitarbeitern, besonders dem Leiter, stülpte ich von Anfang an das Negativbild meines Vaters über – und ging ihnen möglichst aus dem Weg. Jede liebevolle Mahnung empfand ich als persönliche Rüge und versuchte, mich zu rechtfertigen.

Viele Gespräche mit Gesprächskreiseltern und Mitarbeitern führten zum Abbau des großen Misstrauens. Ich verspürte allmählich, was Nächstenliebe bedeutet. Eine lange, tiefe Aussprache mit einem mir besonders zugeneigten Mitarbeiter nach 1 ½ Jahren ermöglichte mir eine Beichte der Schuld aus meiner Vergangenheit. Hier kam auch der Anstoß, dass ich zu meinem Vater ging, und wir uns aussöhnten.

Durch Vorträge und Aussprachen an gemeinsamen Wochenenden wurden viele meiner falschen biblischen Ansichten ins rechte Licht gerückt. Langsam ließ die Nervosität bei mir nach. Das Stillsitzen beim gemeinsamen Gebet fiel mir am Anfang sehr schwer. Doch langsam fand ich beim Gespräch mit Gott innere Stille und äußere Ruhe. Der Schlaf wurde ausgeglichener, indem ich abends den Tagesablauf vor Jesus legte. Langsam öffnete ich mich innerlich gegenüber Brüdern und Schwestern. An Samstagen half ich gerne bei Umzügen mit und bekam dadurch wieder Selbstvertrauen. Neid, Geiz und Geltungsbedürfnis bauten sich immer mehr ab. Ich spürte, dass mir Jesus mit seiner Liebe auf Schritt und Tritt nachgeht. So bin ich gespannt, was von dem ›Eisberg der Vergangenheit‹ noch alles durch den Heiligen Geist an den Tag gebracht wird und ich bin dankbar, dass ER mein HERR und mein Arzt ist.«

Unser Glaube, Jesus Christus, hat es zu tun mit unserem Leib,

dem Tempel des Heiligen Geistes (1. Kor 6, 19), der so oft vernachlässigt wird, für viele so uninteressant ist, – seinen Stärken und Schwächen, seinem Funktionieren und seinen Funktionsstörungen, seiner Gesundheit und Krankheit. Darum ist es notwendig, sich am biblischen Menschenbild zu orientieren.

– Frau J. hat zum wiederholten Mal im Jahr mit Erkältungen zu tun. Sie bleibt von der Arbeit fern. Allerdings erledigt sie zu Hause mancherlei im Haushalt. Als die Kinder klein und auf ihre Hilfe angewiesen waren, hatte sie damit nichts zu tun. Ihr erlebter Bedeutungsverlust wird durch ihr Fernbleiben (scheinbar) ausgeglichen. Die Kolleginnen und Kollegen fragen sie dann immer: »Wie geht es dir? Wann kommst du denn endlich wieder? Wer soll denn deine Arbeit machen? Wir brauchen dich.«

Frau J. kommt sich entbehrlich vor. Sie meint keine echte Bedeutung mehr für andere Menschen zu haben... Sie fällt nur auf, wenn sie fehlt. Sie kann sich selbst nur als »Leistende« akzeptieren – und meint, auch nur als solche Anerkennung finden zu können. Sie könnte ihre »Neigung zu Erkältungen« abbauen, wenn sie die Beziehung zu ihren Mitmenschen (und zu sich selbst)!) verbesserte.

– Herr K. hat zunehmend häufiger Magenschmerzen. Er ahnt, dass das etwas mit seinem Arbeitsplatz zu tun hat... aber er nimmt Medikamente ein, die ihm der Arzt verordnet.

Er will sich bisher nicht bewusst eingestehen, dass jüngere Kollegen engagierter und qualifizierter als er sind. Die Angst vor möglichen und wahrscheinlich qualitativen Auseinandersetzungen schlägt ihm auf den Magen.

Herr K. wäre völlig falsch beraten, würde er weiterhin seine Tabletten schlucken. Sein Erleben beinhaltet ihm nicht erkennbare Möglichkeiten, in seiner Persönlichkeit zu reifen: Weitere Qualifikation, Akzeptieren der Besseren, Annahme des Älterwerdens.

– Herr C., ein begabter Techniker, kommt öfters übelgelaunt nach Hause, ohne klar sagen zu können, woran es liegt. Er ahnt, dass er in einer persönlichen Krise steckt. Seine Stimmung überträgt er auf das eheliche Miteinander. Es kommt zu Verstimmungen, zu aggressiven Reaktionen und gleichgültigem Begegnen. Er vermittelt seiner Frau den Eindruck, sie sei daran schuld. Dadurch, dass er sie zum Sündenbock macht, braucht er sich selbst nicht mit der Klärung seiner Emotionen, seiner Unzufriedenheit auseinanderzusetzen.

Herr C. muss seine Flucht einstellen. Er muss sich darüber klar werden, warum er so reagiert, sich so verhält. Dazu muss er sich Zeit nehmen und aufrichtig mit sich selbst umgehen. Das

Gespräch mit einem Menschen seines Vertrauens kann ihm wesentlich helfen.

Unser Glaube, Jesus Christus, hat es zu tun mit Geist, Seele und Leib

Der Körper sendet Signale aus, die darauf hinweisen, dass eine Störung im Gesamtbefinden des Menschen da ist. Leider nehmen das nur wenige Kranke bewusst zur Kenntnis. Viele meinen, dass lediglich ein Teilbereich des Organismus nicht funktioniere. Man müsse ihn beim Arzt zur Reparatur geben. Es verhält sich aber ganz anders: Der ganze Mensch, einschließlich der Gedanken und Gefühle hat Schaden genommen.

Viele uns bekannte Redewendungen machen diese Zusammenhänge zwischen Seele (Psyche) und Leib (Soma) deutlich. Wir haben es hier mit einer Organsprache zu tun. Es werden geheime Signale ausgesandt. Unsere Sprache verrät, was sich da in uns abspielt:

* »Da blieb mir fast das Herz stehen.« »Das geht mir ans Herz.« »Das bricht mir das Herz.«	Herz- beschwerden
* »Mir ist schlecht vor Kopfschmerzen.« »Das sollst du dir aus dem Kopf schlagen.«	Migräne
* »Ich platze vor Wut.« »Ich koche innerlich.«	Bluthochdruck
* »Der Ärger schlägt mir auf den Magen.« »Das dreht mir den Magen um.« »Ich habe eine Wut im Bauch.«	Magen- und Darm- beschwerden
* »Alles hat sich in mir verkrampft.«	Becken- und Genitalbereich
* »Mir blieb die Luft weg.« »In dieser Luft kann ich nicht atmen.«	Asthma- Bronchiale
* »Den kann ich nicht riechen.« »Ich habe die Nase voll.« »Ich bin verschnupft.«	Schnupfen, Erkältung

∗ »Das geht mir unter die Haut.«	} Allergie,
»Ärgert sich die Krätze an den Hals.«	Juckreiz
∗ »Das schlägt mir aufs Gemüt.«	
∗ »Eine kranke Seele sticht ins Auge.«	} Depression
»Wie ein Schlag ins Gesicht.«	
∗ »Das geht mir an die Nieren.«	} Nieren-
	schmerzen
∗ »Da läuft mir die Galle über.«	} Galleschmerzen
∗ »Die Faust im Nacken.«	} Nacken-
»Die Angst saß mir im Nacken.«	schmerzen
∗ »Die Last drückt mich nieder.«	} Schulter-
»Ich kann nicht mehr tragen.«	verspannungen
∗ »Ich habe einen Kloß im Hals.«	} Schluck-
»Das konnte ich nur schwer schlucken.«	beschwerden.
∗ »Ich fresse alles in mich hinein.«	} Fress- und
»Ich muss mich auskotzen.«	Magersucht

Diese Krankheiten beinhalten meistens Konflikte des Zusammenlebens, Beziehungsprobleme, Schuldfragen, seelische Verletzungen. Sie sind Symptome für tiefer liegende Probleme. Diese Störungen ziehen den ganzen Menschen in Mitleidenschaft. Einmal schlagen sie sich mehr im seelischen, ein anderes Mal im organischen Bereich des Menschseins nieder. Dann rebellieren die Organe, weil die seelischen Probleme nicht verarbeitet sind. Sie bleiben auch nicht ohne Auswirkungen auf den geistig-geistlichen Bereich. Denn sie haben immer auch mit dem Glauben an Jesus Christus zu tun. Der Glaube hängt mit dem Leben und Erleben, mit der Lebensgeschichte zusammen. Unser ganzer Mensch wird vom Glauben angesprochen. Meine Gottesbeziehung wirkt sich im Alltag aus, in der Ehe, der Familie, am Arbeitsplatz, in der Gemeinde, der Freizeit, einfach im Zusammenleben mit anderen Menschen. Ich reagiere immer als ganzer Mensch, mit Geist, Seele und Leib. Die Erfahrung zeigt: Seelische Störungen und Glaubensstörungen gehen immer Hand in Hand. Aber auch umgekehrt kann es sein. Der Glaube, wenn er gestört ist, kann sich im krankmachenden seelischen Bereich niederschlagen, wenn Schuld, Kleinglaube, Misstrauen, Neid, Eifersucht, Zweifel ständig an mir nagen und fressen. Diese Zusammenhänge gilt es bewusst zu sehen und zu verstehen und nicht wegrationalisieren zu wollen, auch nicht mit sogenannten frommen Argumenten, die doch oft schein-heilige Phrasen sind. Das sollte man nicht auseinander dividieren. Es ist daher nicht nur der Arzt allein zuständig, aber auch nicht der Seel-sorger allein. Biblisch-therapeutische Menschensorge ist gefragt, weil der ganze Mensch in Mitleidenschaft gezogen wird. Wenn wir begin-nen, mehr diese Zusammenhänge zu beachten, werden wir auch gezielter fragen und hinterfragen. Wir fragen dann nach den wirk-lichen Motiven, die hinter den Problemen stecken.

– Wir wollen uns damit auseinandersetzen.
– Wir wollen sie nicht verdrängen, sondern erkennen.
– Wir wollen sie nicht verschweigen, sondern beim Namen nennen.
– Wir wollen sie nicht schlucken, sondern aussprechen.
– Wir wollen nicht problemorientiert, sondern lösungsorientiert denken.

Folgende Fragen können dabei helfen:
– Was drücke ich damit aus?
– Was bezwecke ich damit?
– Will ich Zuwendung, Streicheleinheiten?
– Welches Ziel will ich damit erreichen?
– Können meine Antworten Ausreden sein?
– Denke und handle ich falsch?
– Überfordere ich mich selbst?
– Bin ich zu ehrgeizig?
– Kann/will ich nicht vergeben?
– Worüber ärgere ich mich?
– Gegen wen habe ich etwas?
– Was verschlägt mir die Sprache?
– Wen kann ich nicht riechen?
– Was drückt mich nieder?

Es gehört ein persönlicher Entschluss dazu, wenn Veränderung kom-men soll. Nicht der »alte Adam« ist schuld; wir tragen Verantwor-tung. Wir sollen herrschen und uns nicht beherrschen lassen (1. Mose 4, 7; Joh 8, 34.36):

- Ich will zur Ruhe kommen (Ps 62, 2).
- Ich will nachdenken (Phil 4, 8).
- Ich will meine Gesinnung ändern (Röm 12, 2).
- Ich will über Gefühle ehrlich reden lernen und nicht im (Jäh-) Zorn reagieren (Jak 1, 20).
- Ich will reden und nicht schweigen (Ps 32, 3-5).
- Ich will die falschen Motive und Ziele drangeben (Phil 3, 13-14).
- Ich will ein neues Sprechen und Verhalten einüben (Kol 3, 12-17).
- Ich will meine Schuld bekennen (Ps 38).
- Ich will meinen Stolz und Perfektionismus drangeben (Spr 16, 5.18).
- Ich will Vergebung annehmen und austeilen (Eph 4, 22-33).
- Ich will innere Heilung (1. Thess 5, 15-24).

Immer mehr setzt sich die Erkenntnis durch, dass nicht nur der Arzt und Seelsorger, sondern auch der Betroffene selbst und seine Angehörigen zu Heil und Heilung der Ganzheit seiner Persönlichkeit beitragen können. Man stellt fest: Der Mensch ist beseelte, begeistete Leiblichkeit, die nicht für sich allein gesehen werden kann ohne ihre Verflechtung in die Beziehungen zu Gott, zu sich selbst, zum Nächsten und zur Umwelt. Weil dies alles miteinander korrespondiert, sind auch die Teilaspekte besonders zu sehen.

Wenn z. B. eine Mutter ihr Kind in den ersten Lebensjahren, die ja nach psychologischer Erkenntnis und durchs Leben belegt, so wichtig sind, umhegt, ihm Wärme und Geborgenheit schenkt, es mit Liebe umfängt, dann ist das nicht nur ein seelischer Vorgang, sondern es hat seine positive Auswirkung auf das gesamte spätere Leben dieses Menschen – auf seine leibliche Gesundheit und seelische Stabilität ebenso wie auf die Profilierung und Reifung seiner Persönlichkeit. Die Mutter bildet mit ihrem Kind ein Ur-Wir, das ja oft sogar im kindlichen Gespräch der beiden seinen Ausdruck findet: Nun trinken ›wir‹ noch einen Schluck, jetzt essen ›wir‹ noch ein Stückchen, dann gehen ›wir‹ ins Bettchen...

Entstehen in dieser Beziehung Defizite in der Zuwendung, dem Umsorgen, der Pflege, der Kommunikation – auch der Körpersprache –, kann unter Umständen eine die Persönlichkeit störende Entwicklung ihren Anfang nehmen, die eine allmählich einsetzende Psychoneurose (Angst-, Depressions-, Beziehungsneurose) zur Folge hat. Werden diese Zusammenhänge nicht rechtzeitig erkannt und ernst genommen und dann auch fachgerechte Behandlung (psychologische wie seelsorgerliche) nicht in Anspruch genommen, wird der so Betroffene zeitlebens unter den Fakten leiden. Je nach Konstitution kann es auch zu einer Organneurose kommen (Herz-, Magen-, Darm-, Muskelneurose). Es stellen sich dann in diesen Bereichen Schmerzen ein ohne einen organischen Befund.

Das familiäre Zusammenspiel von Vater und Mutter, aber auch die Konstellation der Kinder, ob jemand Einzelkind, das älteste, mittlere oder jüngste Kind ist, kann auch eine entscheidende Rolle für die Entfaltung der eigenen Persönlichkeit spielen; ebenso ein überstarker Vater. Er erdrückt nicht selten seinen Sohn. Mangelnde Güte, fehlender Schutz, ausbleibende Führung sind meistens entscheidende Defizite in der Erziehung. Ist der Vater in allen Lebensbereichen »Spitze« und erwartet das, formuliert oder nicht ausgesprochen, auch von seinem Sohn, ist das in den meisten Fällen keine Herausforderung für das Kind, sondern eine Überforderung. Der Sohn weiß sich dagegen nur noch dadurch zu wehren, dass er auch »Spitze« ist, aber nun nicht vorn, sondern am Ende. Er wird zum »schwarzen Schaf« der Familie, denn er muss ja nach dem Willen des Vaters auffallen. Geht's nicht positiv, dann eben negativ! Natürlich spielt hier nicht nur ein Abwehrmechanismus eine gewisse Schutzfunktion, sondern auch, oft unbewusst, der Rachegedanke, das Heimzahlen für so viel entgegengebrachtes Unverständnis.

Dem Einzelkind fehlt oft die Erfahrung des Teilens und der Geschwister als Miterzieher. Das älteste Kind ist nicht selten überfordert, das mittlere kann mit einer Bandscheibe verglichen werden. Es bekommt von oben und von unten Druck. Es ist noch nicht so alt wie das ältere, aber auch nicht mehr so jung wie das jüngste. Das Jüngste bleibt einerseits immer das jüngste, hat aber zugleich Vorteile, indem es bei den anderen Anleihen in vielerlei Art und Weise machen kann.

Ursache all dieser Verletzungen ist letztendlich unerfülltes Liebesverlangen; im wahrsten Sinne des Wortes Frust über Versagen und Enttäuscht-werden. Wenn dann im weiteren Leben wieder ähnliche

Erfahrungen gemacht werden, bis dahin, dass man den Ansprüchen, die man an sich selbst stellt, nicht gerecht wird, kann es Wunden geben, die im Leben nur schwer verheilen. Das ist dann ganz ähnlich wie bei einer verheilenwollenden Wunde, die aber durch Kratzen immer wieder die Schutz gebende Kruste verliert.

Der vertrauende, zuversichtliche, von Liebe umfangene Mensch erkrankt weit weniger als der allein gelassene, in Selbstmitleid zerfließende, sich selbst ärgernde, frustrierte, ängstliche, ständig sich Sorgen machende, dessen Immunsystem geschwächt ist. Hier hat die Macht gottvertrauenden Denkens (siehe späteres Kapitel) entscheidenden, heilenden Einfluss. Notwendig ist, Zusammenhänge zu erkennen, sich diesen Erkenntnissen zu stellen, bereit zu werden, für die Zukunft eigene Verantwortung zu übernehmen, zu überlegen: wie werde ich was, warum, wann, wozu mit Gottes Hilfe ändern. Vergebung anzunehmen und auszuteilen ist dabei ein entscheidender Faktor. Die Liebe Gottes, in Jesus Christus offenbart, ist der entscheidende Faktor. Denn so viel Liebe, wie man zum Vergeben, sich selbst und anderen gegenüber, braucht, hat man nicht aus sich selbst. Gottes Liebe ist das Heilmittel ebenso wie das Lebensmittel. Und sie, durch den Heiligen Geist ausgegossen (Röm 5, 5) – nicht nur tröpfchenweise vorhanden –, vermag diese Wunden zu heilen und die verletzte Persönlichkeit heilsam zu behandeln. Sie kann und soll ich mir von Gott erbitten. Er will sie aus freien Stücken schenken. An mir liegt es, sie anzunehmen und – unter seelsorgerlicher Begleitung – umzusetzen, damit sie zum Wirken kommt (1. Kor 13).

Ist der Gesamtorganismus durch Liebesentzug geschwächt, können viel leichter psychosomatische, leib-seelische Störungen entstehen als beim relativ gesunden Menschen. Also gilt auch umgekehrt: Wird der psychosomatische Bereich unter heilsamer Beeinflussung durch den Geist Gottes, Jesu Gegenwart heute, gestärkt, setzt ein Genesungsprozess ein. Das ist eine Erfahrung, die wir auf dem Glaubenshof, einer Lebensgemeinschaft für sozialtherapeutische Seelsorge, nun schon seit über sechs Jahren machen.

Glaubenshof Cyriaxweimar e.V. Lebensgemeinschaft für sozial-therapeutische Seelsorge

Harthweg 2, 35043 Marburg-Cyriaxweimar, Tel.: (0 64 21) 3 13 31

1. Entstehungsgeschichte

Der Glaubenshof Cyriaxweimar e.V. ist eine Initiative des Brüderhauses Tabor und der Klinik Hohe Mark innerhalb des Deutschen Gemeinschafts-Diakonieverbandes e.V., (DGD) Marburg sowie des Evangeliums-Rundfunks International e.V. (ERF-Int.), Wetzlar.

Er ist Mitglied im Diakonischen Werk der Evangelischen Kirche von Kurhessen-Waldeck. Vertreter der Einrichtung nehmen regelmäßig an Sitzungen des psychosozialen Arbeitskreises Marburg-Biedenkopf und an Sitzungen der Arbeitsgemeinschaft Sozialpsychiatrie im Diakonischen Werk Kurhessen-Waldeck, Kassel, Bereich Behindertenhilfe, teil.

Der Glaubenshof ist Mitglied in der Arbeitsgemeinschaft christlicher Lebenshilfen (ACL) und arbeitet auf der Basis der Evangelischen Allianz.

Der Hof liegt sechs Kilometer südlich von Marburg in Richtung Weimar/ Gladenbach, am Rande des 550 Einwohner zählenden Dorfes Cyriaxweimar. Zu ihm gehören 40 Hektar Land, Rinder, Schafe, Ziegen, Schweine, Pferde, Hühner, Puten und Kaninchen.

Seit dem 1. August 1990 hat der Verein diesen Hof, der seit 1928 vom Brüderhaus Tabor, Seminar für Innere und Äußere Mission, Marburg, landwirtschaftlich bearbeitet wurde, gepachtet. Unsere Konzeption geht von folgender Frage aus: Wie können wir Menschen helfen, die Lebenskrisen überwinden wollen und sozialtherapeutische Seelsorge brauchen und wie vermeiden wir zugleich eine Ghettosituation, in der Kranke wieder unter sich bleiben?

2. Zielsetzung und Indikation

Das Ziel des Seelsorge- und Betreuungsprogramms der Lebensgemeinschaft Glaubenshof ist, Menschen in Krisen zu befähigen, ihr Leben in größtmöglicher Selbstverantwortung zu gestalten und sie möglichst dahin zu führen, auf Dauer unabhängig von öffentlicher Hilfe leben zu können.

Dies wird angestrebt durch:

– biblische Seelsorge
– sozialtherapeutische Gruppenarbeit (problemorientiert)
– Einzelgespräche
– arbeitstherapeutische Maßnahmen, die den Alltag strukturieren
– erlebnis- und freizeitpädagogische Maßnahmen
– medizinische Versorgung
– Nachsorge.

Jeder Patient – in unserem Haus Gast genannt – hat einen Ansprechpartner, der seelsorgerlich, therapeutisch, pädagogisch oder medizinisch geschult ist. Die Mitarbeiter und ihre Familien sind in die Hofgemeinschaft integriert. Dadurch ist eine Bereitschaft auch während der Nachtstunden gewährleistet. Im Zusammenleben von Gästen und Mitarbeitern erleben die Gäste eine Prägung, die den therapeutischen Prozess entscheidend fördert. Es wird ein integratives Vollzeitangebot zum Wohnen und Arbeiten gemacht.

2.1 Seelsorge

Die Hilfe in der therapeutischen Seelsorge geht von Werten aus, die sich an der Bibel orientieren. Diese werden sowohl in Einzelgesprächen als auch in Bibelgesprächsgruppen oder in Seminaren vermittelt.

Seelsorge hat auch etwas mit Vertrauen zu tun. Deshalb lassen wir uns Zeit, mit den Gästen eine heilende Gemeinschaft zu entwickeln, in der ein biblisches Gottesbild und neue Verhaltenspraktiken entstehen können.

In der Seelsorge geht es immer um eine versöhnte Beziehung zu Gott, zu sich selbst, zum Nächsten und zur Schöpfung.

2.2 Sozialtherapeutische Gruppenarbeit

In diesen Gruppen kommen unsere Gäste zu verantwortlichen Entschlüssen, können sich gegenseitig ermutigen und sammeln Erfahrungen im Umgang mit ihrer Erkrankung. Das wird erreicht durch:
- die Stabilisierung der gesunden Persönlichkeitsanteile
- Bearbeitung von akuten Beziehungsschwierigkeiten
- Aufdecken und Bearbeiten von Hintergründen der persönlichen Probleme und Lebensschwierigkeiten
- Einüben von sozialem Verhalten und Verantwortlichkeit
- Befähigung zu Eigenentscheidung und größtmöglicher Verselbständigung

2.3 Problemorientierte Einzelgespräche

- analytisch und pädagogisch orientiert.

In den Gesprächen werden Lebenskonflikte angesprochen, bearbeitet und, womöglich, neue Strategien entwickelt.

Von den Mitarbeitern wird ein Betreuungsprogramm entworfen, das in Abständen hinsichtlich seiner Wirksamkeit und Angemessenheit reflektiert und gegebenenfalls geändert wird:
- Erarbeitung einer positiven Einstellung zu eigenen Fähigkeiten und zum seelischen Befinden
- Bearbeitung der Verletzungen aus der Kindheit
- Schuld- und Angstbewältigung

Die Gäste lernen in den Gesprächen, Konflikte und Schwierigkeiten, die sie miteinander haben, anzusprechen, Zusammenhänge zu erkennen, um eine konstruktive Einstellung zu sich und anderen zu gewinnen.

In einem Stufenprogramm werden drei Phasen entwickelt:
- Probezeit und Anamnese.
- Intensivphase.
- Eingliederung bzw. Wiedereingliederung in Beruf und soziales Umfeld.

Wo es sinnvoll erscheint, werden in der zweiten Phase Eltern, Verwandte und andere Bezugspersonen mit einbezogen. Gespräche mit Familienangehörigen sollen das Verständnis für den Gast vermitteln.

2.4 Arbeitstherapie

Arbeitstherapeutische Maßnahmen können gezielt eingesetzt werden, um Fähigkeiten, wie z. B. Konzentrationsvermögen und Ausdauer zu trainieren bzw. einzuleiten.

Ziele:
- Erstellung von Berufs- und Arbeitsanamnesen.
- Erarbeitung individueller Rehabilitationsziele im kognitiven, sozioemotionalen und psychosomatischen Bereich.
- Ermittlung des arbeitsrelevanten Leistungsprofils und der sozialen Anpassungsfähigkeit.
- Steigerung der Belastbarkeit.
- Stabilisierung und Verbesserung der Arbeitsgrundfähigkeiten.

Die individuellen Ziele werden einmal wöchentlich in einer Reflexionsgruppe mit den Gästen und Anleitern überprüft.

Die tägliche Arbeitstherapie beträgt im Durchschnitt fünf Stunden und kann reduziert oder gesteigert werden. Für Personen, die in einem Arbeitsverhältnis stehen, finden keine arbeitstherapeutischen Einsätze in unserer Einrichtung mehr statt. Für diese Gäste stehen abends und am Wochenende Mitarbeiter für Arbeitsreflexionen und Einzelgespräche zur Verfügung.

Wir legen Wert darauf, dass die Arbeitstherapie einen starken Realitätsbezug hat. Auf Konflikte während der Arbeitstherapie wird, wenn notwendig, in Einzelgesprächen eingegangen.

Die Arbeitsbereiche umfassen:
* Tierhaltung und Landwirtschaft:
  - Tiere pflegen und füttern,
  - Stall ausmisten,
  - Feldbestellung und Erntearbeiten,
  - Holzwirtschaft.

* Garten:
  - Gemüse- und Kräuteranbau für die Selbstversorgung,
  - Obst- und Beerenanbau,
  - Gartenpflege (Unkraut jäten, umgraben).
* Hauswirtschaft:
  - Essenszubereitung und Vorratswirtschaft (z. B. einkochen),
  - Wäsche,
  - Haus- und Zimmerreinigung.
* Handwerkliche Arbeiten:
  - Bau- und Renovierungsarbeiten innerhalb der Einrichtung
  - Herstellung von Kleinmöbeln
  - Herstellung landwirtschaftlicher Anlagen, z. B. Ställe, Zäune und Instandsetzung von Maschinen und Geräten.
* Kreativer Bereich:
  - Holzarbeiten,
  - Wollverarbeitung, Weben, Nähen,
  - Lenkdrachenbau.

Zur Berufsfindung und Vorbereitung auf die Wiedereingliederung ins Arbeitsleben bieten wir außerhalb Praktika in unterschiedlichen Bereichen an (z. B. Altenpflege, Einzelhandel, Verwaltung, Kfz-Werkstatt und Orthopädiemechanik).

2.5 Medizinische Versorgung

Die Beratung und Behandlung durch Fachärzte ist gewährleistet. Es besteht eine enge Zusammenarbeit mit einem Arzt für Neurologie, Psychiatrie und Psychotherapie. Die interkurrente ärztliche Versorgung wird durch in der Nähe niedergelassene Ärzte wahrgenommen, die medikamentöse Versorgung und Kontrolle durch eine Krankenschwester in der Einrichtung.

2.6 Erlebnis- und freizeitpädagogischer Bereich

In dem Betreuungsprogramm sind integriert:
- aktive Freizeitplanung und -gestaltung,
- Sport (Schwimmen, Wandern, Radfahren, Reiten),
- Musizieren,
- Teilnahme an Gemeindeveranstaltungen und kulturellen Programmen.

Eingebunden in das Gesamtkonzept ist die regelmäßige Reflexion der Arbeit durch einen Supervisor.

2.7 Nachsorge

Es werden Gespräche in besonderen Krisensituationen mit Arbeitgebern, Ärzten und Angehörigen, vor allem aber mit den Betroffenen selbst angeboten und eine erneute Aufnahme in unser Haus zur Krisenintervention ermöglicht.

Die weitere Begleitung in der Nachsorge, besonders im Arbeitsprozess und bei der Freizeitbewältigung, erfolgt in der Regel durch christliche Gemeinden, Gruppen und Mitarbeiter der Lebensgemeinschaft.

3. Aufnahmekriterien

Grundlage ist ein integratives Konzept.

3.1 Bedingungen

Wir nehmen in unsere Lebensgemeinschaft Gäste ab 18 Jahren auf,
- die aus Kliniken kommen und eine weitere Betreuung benötigen, aber nicht mehr krankenhauspflegebedürftig sind.
- die mit behandelten Psychosen, Neurosen, psychosomatischen Beschwerden und anderen auffälligen Persönlichkeitsstörungen Betreuung brauchen.

Es besteht eine Zusammenarbeit mit der Klinik Hohe Mark, Oberursel, den Psychiatrien der Universitätsstadt Marburg und anderen Kliniken.

Außerdem werden junge Menschen aufgenommen, bei denen eine Persönlichkeitsreifung nötig ist und die durch ambulante, behandelnde und beratende Dienste, wie psychosoziale Beratungsstellen, Ärzte, Seelsorger etc. an den Glaubenshof verwiesen werden.

3.2 Aufnahmeverfahren

– Aufnahmeantrag (Vordruck ist auszufüllen).
– Handschriftlicher Lebenslauf.
– Anerkennung unserer Behandlungsvereinbarung.
– Vorstellungsgespräch und Probewoche.
– Abgeschlossene Klinikbehandlung bei psychischen Erkrankungen.

3.3 Dauer des Aufenthaltes

Die Betreuungszeit beträgt in der Regel sechs bis zwölf Monate, in begründeten Fällen und bei ausreichender Motivation kann dieser Aufenthalt bis zu zwei Jahren verlängert werden.

3.4 Finanzierung

Zehn Plätze werden durch Eigenbeteiligung mitfinanziert. Mittellose können beim örtlichen Sozialhilfeträger einen Antrag auf Hilfe zum Lebensunterhalt stellen. Alle anderen Kosten werden durch Spenden aufgebracht. (Der Verein ist durch das Finanzamt Marburg als gemeinnützig anerkannt.)

Zur Zeit liegt der Satz bei ca. DM 600,– im Monat für Verpflegung und Unterkunft.

3.5 Praktikanten

Der Glaubenshof bietet Schülern der Ergotherapie, Diakonen- und Bibelschulen und aus dem sozialpädagogischen Fachbereich Praktika an.

Er ist anerkannt als Ausbildungsstätte von der Gesamthochschule Kassel, integrierter Diplomstudiengang Agrarwirtschaft Witzenhausen und Schulen für Ergotherapie in Deutschland und Österreich.

Wir bieten im Rahmen einer beruflichen Qualifikation unseren Praktikanten:

– eine Reflektion ihrer Arbeit,
– das Einüben sozialen Verhaltens,
– die Entfaltung der eigenen Persönlichkeit und Kreativität.

4. Wohn- und Funktionsräume der Einrichtung

Der Hof mit seinen Gebäuden eignet sich gut für eine seelsorgerliche Betreuungsarbeit.

4.1 Wohnräume

9 Einzelzimmer mit Standardmöblierung
1 Doppelzimmer
1 Wohnzimmer
1 Speisesaal
1 Teeküche
6 Bäder
6 WCs zusätzlich zu den Bädern
3 Vorratsräume
1 Mehrzweckraum

4.2 Für die Mitarbeiter stehen drei Wohnungen zur Verfügung.

4.3 Funktionsräume für die Therapie

1 Backstube
1 Kreativraum für Freizeitgestaltung und Arbeitstherapie
1 Mehrzweckraum für Seminare und Gymnastik
2 Scheunen für Arbeitstherapie, Freizeitbereich und
   Großveranstaltungen
2 Werkstätten (Reparatur)
4 große Ställe
1 Reithalle
1 Lagerraum für Futter und Futterherstellung
2 Schlachträume
2 kleine Gewächshäuser
1 Großküche
1 Vorratsraum mit Tiefkühltruhen
1 Waschküche
1 Bügel- und Flickstube
1 Trockenraum
3 Dienstzimmer
1 Verwaltungsbüro
1 Leitungsbüro

Die Gesamteinrichtung besteht aus acht Gebäuden, die 1990 teilweise renoviert wurden.

4.3 An Freiflächen stehen zur Verfügung

40 ha Land für landwirtschaftlichen Anbau, davon
 3 ha Weide für Tiere
 1 Reit- und Longierplatz
 1 Innenhof
 1 Wäscheplatz und Garten

5. Mitarbeiter

- Gesamtverantwortung und Leitung:
  Diakon/Erzieher, Sozialtherapeut
- Verantwortung und Anleitung in der Arbeitstherapie:
  Ergotherapeut (mit ITS-Zusatzausbildung)
- Verantwortung für die Landwirtschaft:
  Landwirt, Agrartechniker
- Verantwortung für die Küche und Hauswirtschaft:
  Hauswirtschaftsmeisterin
- Überwachung der medikamentösen Behandlung:
  Krankenschwester (mit Psychiatrieerfahrung)
- Korrespondenz, Schreibarbeiten, Abrechnungen:
  Mitarbeiterin für Verwaltung.

Im neuen Mehrzweckraum ist ein Naturstein verarbeitet. In ihm wird das Wort eingemeißelt stehen: »Der Herr ist nahe denen, die zerbrochenen Herzens sind und hilft denen, die ein zerschlagenes Gemüt haben« (Ps 34, 19).

Seelsorge ist Menschensorge

Wie jeder Mensch, will auch der psychisch Kranke ernst genommen werden. Das ist Aufgabe der Gemeinde. Auch wenn nicht jedes Gemeindeglied gleich zu diesem Dienst begabt ist, so helfen doch Sachkenntnis, Liebe (1. Kor 13) und das Gebet um Weisheit (Jak 1, 5), vermeidbare Fehler zu machen.

Gerade dem kranken, behinderten und scheiternden Menschen gilt die Fürsorge Jesu, sagt er doch eindeutig: »Die Starken bedürfen des Arztes nicht, sondern die Kranken« (Mt 9, 12). Sie sind in sein Reich Gerufene und letztlich Berufene. Unser Dienst besteht darin, ihnen zu helfen, einerseits ihre Lebenslage zunächst anzunehmen, andererseits ihrer Berufung nachzukommen.

Krankheit anzunehmen meint nicht, sich ihr hilflos zu ergeben, sondern so viel an einem selbst liegt, an ihrer Veränderung, ihrer Besserung, ihrer Überwindung oder Heilung mitzuarbeiten, zu einer positiven Einstellung zur Krankheit, zum Leben mit der Krankheit zu verhelfen, ohne zu verbittern, zu verzweifeln, gleichgültig, abgestumpft oder hart zu werden. Einfühlsames, verständnisvolles, ermutigendes, stellvertretend auf Hoffnung vertrauendes Gespräch ist hier notwendig. Aber auch eine »engagierte Distanz« des seelsorgerlich Begleitenden tut not, wenn er sich nicht selbst überfordern bzw. sich überfordern lassen will. Denn nicht er ist es, der etwas »macht«, so dass es zur Besserung oder Heilung im Leben dessen, der sich ihm anvertraut, kommt, sondern Gott will ihn als Werkzeug gebrauchen.

In den folgenden Kapiteln werden solche Hilfsangebote der Bibel beschrieben:

Die Gedanken sind frei ...?

Wie mancher – auch mancher Christ – denkt, die Gedanken seien frei. Doch damit denkt er falsch! Gedanken haben Macht und beeinflussen unsere ganze Persönlichkeit – Geist, Seele und Leib –, auch unser Glaubensleben.

* Unsere Sinneswahrnehmung (sensatio), die Fähigkeit der begrifflichen Verarbeitung (ratio – Vernunft) und die Ideenbildung (intellectus = Verstand) ergeben zusammen das Grundmaterial unseres Gedankengutes. Was wir wahrnehmen, wird mit Hilfe des Gefühls verarbeitet. Je intensiver das Gefühl, desto nachhaltiger die Erinnerung. Das heißt: gute Gedanken = gute Gefühle, schlechte Gedanken = schlechte Gefühle. Entscheidend ist also, welchem Gedankengut wir Sitz- und Stimmrecht in unserem Herzen einräumen.

* Säe einen Gedanken, und du erntest eine Tat; säe eine Tat, und du erntest eine Gewohnheit; säe eine Gewohnheit, und du erntest eine Haltung; säe eine Haltung, und du erntest einen Charakter; säe einen Charakter, und du erntest ein Lebensschicksal. Paulus: »Was der Mensch sät, das wird er ernten« (Gal 6, 7).

* Weil Gedanken Macht haben, »sollen wir alles menschliche Denken gefangennehmen und es Jesus Christus unterstellen« (Mt 3, 2; 2. Kor 10, 5; Rö 12, 2). Disziplin gehört zur Jüngerschaft.

* Mehr als auf alles andere achte auf deine Gedanken, denn sie bestimmen dein Leben (Spr 4, 13).

* In unserem Herzen entscheidet sich (Mt 15, 19; Mk 7, 21), wie wir denken und damit auch fühlen, sprechen, handeln:
  - angst-voll (Heiden-Angst) = situationsbezogen oder vertrauens-voll (Gott-Vertrauen) = verheißungsbezogen (Mt 14, 22 - 33; Jos 1, 1 - 9; Hebr 10, 35.36).

– Negative Gedankenmuster wie: »Ich bin nicht gewollt, nicht
  geliebt, nicht begabt ...« haben eine ebenso destruktive, das
  Leben hemmende, ja zerstörende Kraft wie: »Ich bin nichts,
  kann nichts, aus mir wird nichts ...«

In der Bibel wird das bezeugt:

»Denn was ich gefürchtet habe, ist über mich gekommen, und
wovor mir graute, hat mich getroffen« (Hiob 3, 25).

»Wer nach Gutem strebt, trachtet nach Gottes Wohlgefallen; wer
aber das Böse sucht, dem wird es begegnen« (Spr 11, 27; 10, 24;
15, 13-15.30; 17, 22).

* In positivem Gegensatz dazu stehen Jesu Aussagen: »Wenn ihr
  Glauben habt wie ein Senfkorn, so könnt ihr sagen zu diesem
  (Sorgen-, Zweifels-, Angst-, Unmuts-, Einsamkeits-) Berge: Hebe
  dich dorthin!, so wird er sich heben; und euch wird nichts
  unmöglich sein« (Mt 17, 20).

  »Euch geschehe nach eurem Glauben« (Mt 9, 29; 19, 26; Mk 9, 23;
  10, 27; Lk 1, 37; 18, 27).

* Glaube ist Gott vertrauendes Denken (Hebr 11, 1) gegen den
  Augenschein, das nicht gegen den Verstand ist, aber die Vernunft
  übersteigt (Phil 4, 7). Es realisiert sich in der Anwendung: »Ich
  vermag alles durch den, der mich mächtig macht (Christus)« (Phil
  4, 11-13; 2. Kor 6, 10; 12, 10).

Es geht also darum, dass ich meine Gedanken unter den Einfluss des
Wortes und Geistes Gottes stelle. Paulus sagt es so: »Alles menschliche Denken nehmen wir gefangen und unterstellen es Jesus Christus« (2. Kor 10, 5 *). Es geht im Leben eines Christen nicht mehr primär um seinen eigenen Willen, was er tun und lassen will, sondern
um Gottes Willen. Der Christ ist Mitglied der Familie Gottes geworden. In dieser Familie gibt es eine Lebensordnung, die sich auf den
Nenner bringen läßt: »Gebt nur Gott und seiner Sache den ersten
Platz in eurem Leben, so wird er euch alles geben, was ihr nötig habt«
(Mt 6, 33 *). Das sagt Jesus Christus, Gottes Sohn. Wer zur Gottesfamilie gehören will, kann an diesem Grundprinzip dieser Familie
nicht vorbei. Es geht also im Leben eines Christen zuerst um Gottes
Sache. Alle persönlichen Wünsche sind erlaubt, werden aber der
gemeinsamen Sache – die Bibel nennt das »Reich Gottes« – unterge-

ordnet. Ich muss das bewusst zur Kenntnis nehmen und mich auch fragen, ob ich das akzeptieren will, sonst hat es keinen Sinn, Jesus Christus nachzufolgen. Das bringt sonst ständig Probleme mit sich, wenn der Eigenwille zu dominieren beginnt. Ganz anders ist es, wenn mein Wille in den Willen Jesu, des Sohnes Gottes, eingeht. Da entsteht Harmonie in der Gedanken- und Gefühlswelt und das hat heilsame Auswirkungen auf Geist, Seele und Leib.

Beantworten Sie einmal die folgenden Fragen. Das kann Ihnen helfen, eine Grundstruktur Ihrer Persönlichkeit zu erkennen, darüber froh und dankbar zu werden, dass Sie ein Gott vertrauender Mensch sind. Oder aber Sie ermutigen sich, mehr als bisher ins Gott vertrauende Denken einzuüben.

* Bin ich ein Mensch, der überwiegend Gott vertrauend oder kleinmütig denkt?
* Sehe ich primär die Möglichkeiten oder die Unmöglichkeiten im Leben?
* Sind für mich die sogenannten Unmöglichkeiten Lebenslagen, die ich dann gerade erst recht anpacke oder die mich resignieren lassen?
* Treffe ich Entscheidungen überwiegend zuversichtlich oder angstvoll?
* Entscheide ich auch dann, wenn ich nicht alle Fakten hundertprozentig vor mir habe, oder nur, wenn eine Erfolgsgarantie feststeht?
* Bleibe ich, wenn ich zunächst keine Lösung vor mir sehe, an der Aufgabe dran, oder gebe ich auf?
* Glaube ich, dass ich mich mit Gottes Hilfe zum Guten verändern kann oder dass doch alles beim Alten bleibt?
* Konzentriere ich mich aufs Gute oder aufs Schlechte?
* Stelle ich mich der Wirklichkeit, oder sinne ich Tagträumen nach?
* Sind für mich Niederlagen Grund zum Aufstehen oder zum Aufstecken?

Nicht dass ich versage ist schlimm, sondern wenn ich über dem Versagen verzage und es mit Jesus Christus, Gottes Sohn, nicht neu wage! Dabei hoffe ich nicht auf Selbstverwirklichung, sondern ich will Hoffnung selbst verwirklichen, weil ich von einer lebendigen Hoffnung geprägt bin. Diese Hoffnung gründet sich auf Jesus Christus, den Auferstandenen, ewig Lebenden, der uns Anteil an seinem Sieg über Sünde, Teufel und Tod gibt. Daran Anteil kann ich aber nur dann haben, wenn ich mich – wie bereits erwähnt – bewusst zur Familie Gottes bekenne und halte. Diese Hoffnung lässt nicht zu Schanden werden. Dafür steht Jesus mit seinem Namen ein; er ist Bürge dafür!

Folgend einige praktische Hilfen, wie Sie Ihr Gott vertrauendes Denken hilfreich beeinflussen und somit Leib- und Seelsorge in Ihrem eigenen Leben üben können. Es geht wirklich um ein Üben, wenn davon heilsame Wirkungen ausgehen sollen.

* Schieben Sie Schwierigkeiten, Entscheidungen, anstehende klärende Gespräche nicht auf die lange Bank. Sagen Sie rechtzeitig und in ruhigem Ton, was Sie zu sagen haben. Überlegen Sie vorher, was Sie sagen wollen. Durch solches Verhalten vermeiden Sie, dass Sie Probleme verdrängen oder hinunterschlucken. Das bewahrt Sie vor Bluthochdruck. Man weiß dann, wo man bei Ihnen dran ist.

* Drücken Sie Ihre Gefühle aus. Haben Sie Mut zum Lachen und zum Weinen, auch Ihre Verstimmung (kontrolliert) zu zeigen. Wer alles in sich hineinfrisst, muss sich nicht wundern, wenn er Magengeschwüre bekommt.

* Lassen Sie auch einmal fünf gerade sein! Wer ständig alles perfekt machen will und allzu ehrgeizig ist, zerbricht sich regelrecht den Kopf daran. Der Ärger darüber, das eigene Ideal nicht zu erreichen, schlägt sich oft in Kopfschmerz und Migräne nieder. Der Wert Ihrer Persönlichkeit ist nicht abhängig von Ihrer Verwertbarkeit! Lassen, Loslassen bringt Gelassenheit.

* Haben Sie Freude am Leben! Gönnen Sie sich bewusst Parkplätze an der Landstraße Ihres Lebens zum Ausspannen und Aufatmen. Tun Sie immer wieder, was Ihnen Freude macht, und das ohne schlechtes Gewissen. Das vermehrt Ihre Lebensqualität! Glückshormone stärken das Immunsystem.

* Lassen Sie Ihre Seele baumeln; entspannen Sie bewusst, wenn ein Problem Sie beschäftigt. Verbeißen Sie sich nicht hinein, so dass Ihre Gedanken nur noch darum kreisen. Abschalten ist dann angesagt. Die Lösung oder die neue Perspektive als Teillösung

tauch oft dann auf, wenn man am wenigsten damit rechnet. Gehen Sie schwimmen, machen Sie einen Spaziergang, verwöhnen Sie sich durch Musik.

* Lassen Sie Ihr Gott vertrauendes Denken auch auf andere überspringen. Gehen Sie freundlich, zuvorkommend, ermutigend mit anderen Menschen um. Sagen Sie ein anerkennendes Wort, ein Dankeschön. Schenken Sie ein Lächeln. Sie werden erleben, dass diese Aktion der Anerkennung eine wohltuende Reaktion bewirkt. Jeden Menschen macht es glücklich, wenn er erlebt, dass er gemocht ist, wenn man ihn wertachtet, schätzt. Haben Sie Mut, Freude zu bereiten. So kann jeder Tag durch eine bewusste Aktion dieser Art zu einem »Happy Day«, einem glücklichen Tag werden.

Aus der Fülle der Möglichkeiten, durch Gott vertrauendes Denken sich und anderen nach Geist, Seele und Leib wohlzutun, noch ein paar weitere Tips:

* Lösen Sie sich von dem Gedanken, Sie seien ein auf allen Lebensgebieten benachteiligter Mensch. Alle anderen hätten schon von klein auf bessere Voraussetzungen gehabt als Sie: ein besseres Elternhaus, reichere Eltern. Alle anderen seien hübscher als Sie und wären mehr begabt; alle anderen seien mehr geliebt und würden mehr hofiert; alle anderen seien wertgeachteter und daher glücklicher als Sie usw. Dieses Denken beeinflusst Ihr Gefühlsleben derart destruktiv, dass es fast unmöglich für Sie ist, über sich selbst dankbar froh zu werden. Es stimmt nur so lange, wie Sie selbst so denken. Machen Sie einen Gedankenstopp: Halt, so will ich nicht mehr denken!

* Nehmen Sie bewusst willentlich zur Kenntnis: Das Leben besteht immer aus zwei Seiten. Sie gehören zusammen: Licht und Schatten, Wärme und Kälte, Freude und Leid, Glück und Not, Tag und Nacht, Morgen und Abend usw.

Sie wären – so zeigt es die seelsorgerliche Erfahrung – gar nicht bereit, mit einem anderen Menschen, mit dem Sie sich vergleichen, ganz und gar, also total, zu tauschen. Sie möchten zwar seine guten Seiten, aber nicht seine negativen, die er ja auch hat. Die wollen Sie ganz gewiss nicht mit übernehmen. Steigen Sie aus dem Vergleichsdenken aus. Sagen Sie ganz Ja zu Ihrer Persönlichkeit. Sie sind von Gott gewollt, begabt, geliebt, wertgeachtet. Sie sind ein Original Gottes! Er hat auch Sie bei Ihrem Namen gerufen und sagt: »Du bist mein!« (Jes 43, 1-5). Geben Sie dazu Ihr uneingeschränktes Ja. Dann gehören auch Sie zur Gottesfamilie und haben Teil am Leben Gottes mit all seinen Gaben: Frieden und Freude im Heiligen Geist (Röm 14, 17).

* Beginnen Sie damit, dass Sie aufgrund dieser Gewissheit einen neuen Standpunkt in Ihrem Gott vertrauenden Denken einnehmen. Das gibt eine neue Perspektive, eine neue Sicht für Ihr Leben. Ein ganz einfaches Beispiel: Sagen Sie zu einem Glas Wasser, das bis zur Hälfte gefüllt ist, nicht destruktiv: »Das ist ja schon halb leer«, sondern konstruktiv: »Das ist ja noch halb voll!« So sehen Sie die Gegebenheit anders. Das hat einen wohltuenden Einfluss auf Ihre Persönlichkeit.

Wenn es um Defizite in Ihrem Leben geht, dann akzeptieren Sie diese zunächst. Doch dann ziehen Sie einen Schlussstrich. Statt die Defizite zu bejammern und im Selbstmitleid zu zerfließen, übernehmen Sie jetzt die Verantwortung für die Gestaltung Ihres weiteren Lebens. Investieren Sie die sonst im Selbstmitleid verlorenen Kräfte zum konstruktiven Aufbau einer neuen Lebensweise, die von der Gewissheit geprägt ist: »Ich vermag alles durch den, der mich mächtig macht (Jesus Christus)« (Phil 4, 13). Das heißt: Sie lernen, neu umzugehen mit Freude und Leid, Glück und Not, Stärken und Schwächen, Siegen und Niederlagen in dem Wissen: In all diesen Lebenslagen bin ich nicht allein. Jesus Christus ist bei mir. Damit beginnt ein neues Leben, denn: »Ist jemand in (Jesus) Christus, so ist er eine neue Kreatur; das Alte ist vergangen, siehe, Neues ist geworden« (2. Kor 5, 17).

* Beginnen Sie, kleinste Hoffnungen Gott vertrauend zu nähren. Gott sagt Ihnen zu: Ich werde den glimmenden Docht nicht auslöschen und das angebrochene Rohr nicht zerbrechen (Mt 12, 20). Und Jesus unterstreicht diese Zusage: »Wenn ihr Glauben habt wie ein Senfkorn, so könnt ihr sagen zu diesem Berge: Heb dich dorthin!, so wird er sich heben; und euch wird nichts unmöglich sein« (Mt 17, 20). Wenn Sie dieses Gott vertrauende Denken üben

und dabei Gottes Sache an die erste Stelle in Ihrem Leben setzen, werden Sie entsprechende Erfahrungen machen. In kurzer Zeit wird Ihr Denken – was Gottes Sache angeht und wenn Sie zur Familie Gottes gehören – von der Kraft der Hoffnung erfüllt sein. Sie dürfen aber Gottes Sache nicht mit der Erfüllung Ihrer eigenen Wünsche verwechseln. Sonst gibt es Riesenprobleme nicht nur in Ihrem Glaubensleben, sondern für Ihr ganzes Leben. Nochmals: Gott und seine Sache stehen an der ersten Stelle (Mt 6, 33). Sein Name, sein Reich, sein Wille haben Priorität – und doch sind Sie auch Nutznießer, denn Sie sind Erbe dieses Reiches.

✴ Speisen Sie daher Ihr Gott vertrauendes Denken mit Bibelworten. Sie sind für Ihre Seele dasselbe wie Vitamine für Ihren Körper. Sprechen Sie dieselben halblaut vor sich hin. Lernen Sie jeden Tag ein solches Bibelwort des Vertrauens auswendig, bis es inwendig zu Ihrem Besitz geworden ist. Diese Bibelworte sind eine heilsame Kraft. Nehmen wir als Beispiel Psalm 103, die ersten Verse: »Lobe den Herrn, meine Seele, und was in mir ist, seinen heiligen Namen!« Sprechen Sie wie David ermutigend mit Ihrer eigenen Seele: »Lobe den Herrn, meine Seele, und vergiss nicht, was er dir Gutes getan hat . . .« In diesem bekannten Psalm wird Gott ja nicht selbst angesprochen, sondern die eigene Seele wird sozusagen therapiert, ihr wird in Erinnerung gerufen, was Gott ihr alles getan hat, wie er gnädig und barmherzig, geduldig und von großer Güte ist . . . wie er nicht mit uns umgeht, wie wir es verdient hätten, uns nicht nach unserer Missetat vergilt . . . wie er sich über uns erbarmt.

✴ Lassen Sie sich auch mehrmals am Tag durch das Gebet ins Gespräch mit Gott ziehen. Gott will dadurch Ihre Gedanken erneuern, sie auf sich lenken. Der Wolken, Luft und Winden Wege, Lauf und Bahn gibt, der hat auch einen Weg für Sie. Sorgen Sie dafür, dass Ihre Gebete nicht nur von Bitten geprägt sind, sondern auch von Zuversicht, von Dank, Lob und Anbetung. Das zieht Sie nach oben. Zuversichtliches Gebet – wenn es nach dem Willen Gottes ist, dann beten Sie im Namen Jesu – wirkt wirklich Wunder. So hat Jesus gebetet: »Vater, dir sind alle Dinge möglich. Aber nicht mein, sondern dein Wille geschehe!« Sie gehören zur

Familie Gottes, daher dürfen Sie auch um all das bitten, was Sie aus Gottes Sicht wirklich nötig haben. Er hat zugesagt, dass es Ihnen dann nicht mangeln wird. Diese Gewissheit macht zufrieden und glücklich. Und das tut Ihrem Geist, Ihrer Seele und Ihrem Leib gut.

Nehmen Sie sich die Zeit zum Gebet; wirklich ›nehmen‹ aus dem Kapital der 24 Stunden, die Gott Ihnen täglich schenkt. Das Gespräch mit ihm ist die am besten investierte Anlage Ihrer Zeit. Was Priorität hat in Ihrem Leben, dafür nehmen Sie sich Zeit. Warum nicht am Morgen beim Erwachen beten: »Guten Morgen, mein Heiland und Herr, Jesus Christus. Ich liebe dich und freue mich über die Gemeinschaft, die wir an diesem Tag miteinander haben. Wie soll mein Tag heute aussehen? Was soll ich tun, was lassen? Wer braucht mich, meinen Besuch, meinen Telefonanruf, einen Brief von mir, ein kleines Zeichen meines An-ihn-Denkens? Herr, ich bin gespannt, wo ich herausgefordert werde, deinen Willen zu tun. Hab acht auf mich, dass ich nicht kneife. Dein guter Heiliger Geist leite mich. Und wenn's kritisch wird, möge mein Schutzengel besonders auf mich achthaben, damit ich dir keine Unehre bereite. Danke, dass du mich lieb hast und bei mir bist, d. h. du gehst mir ja voraus, und ich will dir folgen . . . « Solch Gott vertrauendes Denken tut wohl und lässt zuversichtlich in und durch den Tag gehen.

✳ Achten Sie auf psychische Hygiene, dass Sie z. B nicht bewusst schuldig werden. Orientieren Sie sich an den Zehn Geboten (2. Mose 20, 1-17) und vor allem an der Liebe Jesu Christi (1. Kor 13; 1. Joh 4). Das hilft Ihnen, dass Ihr Geist, Ihre Seele und Ihr Leib nicht trotz besseren Wissens Schaden nehmen. Dann haben Sie noch genug darauf zu achten, nicht in schmutzige Angelegenheiten hineingezogen zu werden. Dazu gehört auch, darauf zu achten, mit wem Sie Gemeinschaft pflegen. Suchen Sie sich Freunde, die für ihr Gott vertrauendes Denken eine Bereicherung sind. Die mit Ihrem Denken, Sprechen und Handeln nicht im Negativen, Destruktiven und der Unentschlossenheit stecken bleiben; deren Lebenslied nicht ständig das Jammern und Klagen, das Selbstmitleid ist. Achten Sie darauf, was Sie lesen und sich im Fernsehen anschauen, womit Sie Ihre Phantasie speisen, was an Bildern durch die Schaufenster Ihrer Seele, die Augen, in Sie eingeht. Erfreuen Sie sich an Schönem, Positivem. Achten Sie darauf: Was löst negative Gefühle bei mir aus? Was drückt mich nieder, macht mich pessimistisch? Was macht mich froh und glücklich, lässt mich aufatmen? Pflegen Sie diese guten Gefühle und verweigern Sie Sitz- und Stimmrecht all den anderen nach unten ziehenden Empfindungen. Sie sind immer in Gottes Hand geborgen (Phil 4, 4). Also brauchen Sie sich keine Sorgen zu *machen!* Unterstützen Sie sich selbst durch Ihr Gott vertrauendes Denken! Üben Sie es. Es will geübt sein. Das ist Nachfolge Jesu. Im Englischen heißt das Wort für Nachfolger »disciple«. Darin steckt unser deutsches Wort »Disziplin«. Rufen Sie, aufgrund des Wortes Gottes, der dort gegebenen Verheißungen, die der Familie Gottes gegeben sind, Gefühle der Liebe, des Glaubens, der Hoffnung, der Zuversicht, der Freude in Ihnen hervor. Das sind – im Bild gesprochen – wohltuende, schützende Kleider für Ihre Seele. Die schmutzigen wie Hass, Neid, Eifersucht, Sorge, Heidenangst sollen wir ausziehen. Paulus erinnert uns ja daran, dass wir uns recht kleiden sollen, wenn er uns ermutigt: »So zieht nun an als die Auserwählten Gottes, als die Heiligen und Geliebten (als die zur Familie Gottes Gehörenden), herzliches Erbarmen, Freundlichkeit, Demut, Sanftmut, Geduld … Über alles aber zieht an die Liebe, die da ist das Band der Vollkommenheit. Und der Friede Christi, zu dem ihr berufen seid in einem Leibe, regiere in euren Herzen; und seid dankbar. Lasst das Wort Christi reichlich unter euch wohnen: lehrt und ermahnt einander in aller Weisheit; mit Psalmen, Lobgesängen und geistlichen Liedern, singt Gott dankbar in euren Herzen. Und alles, was ihr tut mit Worten oder mit Werken, das tut alles im Namen des Herrn Jesus, und dankt Gott, dem Vater, durch ihn« (Kol 3, 12 - 17).

✳ Noch etwas Wesentliches will ich nennen: Es liegt in der Schöpfungsordnung unseres Gottes, dass unser Lebensrhythmus alle sieben Tage eines besonderen Auftankens bedarf. Dazu hat Gott uns einen Ruhetag geschenkt zur Stille, zum Ausspannen, zur Erfrischung, und das ganz ausgiebig, so dass Geist, Seele und Leib

sich erholen. Suchen Sie an diesem Tag ganz bewusst einen Ort der Anbetung, der besonderen Gemeinschaft mit anderen Angehörigen der Familie Gottes, wo Sie ausgiebig Zeit haben zur Anbetung, zum Lob, zum Dank an Gott, Ihren Vater und an Jesus Christus, seinen Sohn, Ihren Bruder und zur Gemeinschaft mit dem Heiligen Geist, in dem Vater und Sohn heute gegenwärtig sind. Gehen Sie in einen Gottesdienst. Hören Sie auf Gottes Wort. Beten Sie bewusst mit. Singen Sie von Herzen die Lieder. Das macht Leib und Seele gesund. Es erfrischt Ihren Geist.
Wenn Sie diesen Wunsch nicht bzw. nicht mehr haben, ist das ein sicheres Zeichen dafür, wie notwendig Sie diesen Einfluss brauchen! Also reservieren Sie sich diesen Ruhetag. Bringen Sie Ordnung diesbezüglich in Ihr Leben. Sie treffen damit die weitreichendste Entscheidung mit den tiefgreifendsten, heilsamsten Auswirkungen auf Ihr Leben.

Kassette:
Die Macht der Gedanken 2, Bestell-Nr.: 11221, ERF-Verlag, Wetzlar

Sorg(en)-los-werden

* Sorgen bedeutet:
  - Angst haben vor dem Morgen, dem Nichtwissen, wie es aussieht;
  - Angst haben, das Kommende nicht eigenmächtig meistern zu können, ihm hilflos ausgeliefert zu sein.
* Sorgen ...
  - verzerren jede realistische Sicht,
  - beeinträchtigen das Denken,
  - bedrücken das Gemüt,
  - zerstören den Körper,
  - belasten den Geist,
  - verdunkeln die Seele,
  - lähmen die Tatkraft,
  - lassen verzagt sprechen.
* Christ sein ist nicht gleichzusetzen mit einem sorg(en)losen Leben. Manche meinen das zwar, und viele hoffen es. Doch sie werden enttäuscht. Das heisst aber nun nicht, dass wir unseren Sorgen hilflos ausgeliefert wären. Es geht vielmehr darum, dass wir lernen, mit unseren Sorgen richtig umzugehen. Das Neue Testament gibt hilfreiche Anleitungen dazu:
* Jesus Christus sagt:
  »Niemand kann gleichzeitig zwei Herren dienen. Wer dem einen richtig dienen will, wird sich um die Wünsche des andern nicht kümmern können. Genauso wenig könnt ihr zur selben Zeit für Gott und das Geld leben. Darum sage ich euch: Sorgt euch nicht um euren Lebensunterhalt, um Essen, Trinken und Kleidung. Leben bedeutet mehr als nur Essen und Trinken, und der Mensch ist mehr als seine Kleidung. Seht euch die Vögel an! Sie säen nichts, sie ernten nichts und sammeln auch keine Vorräte. Euer

Vater im Himmel versorgt sie. Meint ihr nicht, dass er sich um euch noch viel mehr kümmert? Und wenn ihr euch noch so viel sorgt, könnt ihr doch euer Leben nicht um einen Augenblick verlängern.

Weshalb macht ihr euch so viele Sorgen um eure Kleidung? Seht euch die Blumen auf den Wiesen an. Sie arbeiten nicht und kümmern sich auch nicht um ihre Kleidung. Doch selbst König Salomo in seiner ganzen Herrlichkeit war lange nicht so prächtig gekleidet wie irgendeine dieser Blumen.

Wenn aber Gott sogar das Gras so schön wachsen lässt, das heute auf der Wiese grünt und morgen vielleicht schon verbrannt wird, meint ihr, dass er euch dann vergessen würde? Vertraut ihr Gott so wenig? Hört also auf, voller Sorgen zu denken: ›Werden wir genug zu essen haben? Und was werden wir trinken? Was sollen wir anziehen?‹ Wollt ihr denn leben wie die Menschen, die Gott nicht kennen und sich nur mit diesen Dingen beschäftigen? Euer Vater im Himmel weiß ganz genau, dass ihr das alles braucht. Gebt nur Gott und seiner Sache den ersten Platz in eurem Leben, so wird er euch auch alles geben, was ihr nötig habt. Deshalb habt keine Angst vor der Zukunft! Es ist doch genug, wenn jeder Tag seine eigenen Lasten hat. Gott wird auch morgen für euch sorgen« (Mt 6, 24 - 34 *).

Jesus stellt also fest, dass Christen Sorgen haben. Doch wir sollen uns nicht heute schon mit Problemen, die morgen eventuell auftreten könnten, beschäftigen. Wer das Morgen sicher in den Griff bekommen will, hat eine falsche Lebenseinstellung. Das Morgen gehört uns noch nicht. Es gehört Gott; es liegt in seiner Hand! Die entscheidende Frage ist also: Wie gehen wir mit unseren Sorgen um? Wir brauchen Entsorgung, die uns entlastet und aufatmen lässt. Es gilt, den Sorgengeist nicht zu pflegen, die Sorgen nicht zu zählen, sondern sie aus unserem gottvertrauenden Denken auszuquartieren.

Darum

* Jesu Anweisung: Mach aus Sorgen ein Gebet. Konkrete Anleitung dazu gibt er im »Vaterunser« (Mt 6, 9 - 13).

»Herz, lass das Sorgen sein. Sorgen bringt Angst und Pein.«

⁂ Petrus weiß das aus eigner schmerzvoller Erfahrung, daher ermutigt er uns: »*Überlasst* alle eure Sorgen Gott, denn er sorgt für euch« (1. Petr 5, 7 ⁂).

»Mit Sorgen und mit Grämen und mit selbsteigner Pein lässt Gott sich gar nichts nehmen. Es muss erbeten sein!« (Paul Gerhardt).

⁂ Paulus unterstützt das: »*Macht* euch keine Sorgen. Ihr dürft Gott um alles bitten. Sagt ihm, was euch fehlt, und dankt ihm« (Phil 4, 6 ⁂).

»Werft das stolze Sorgen fort, bittet Gott mit Danken!« (Kurt Müller-Osten).

⁂ Es gilt, sich Jesu Vor- und Nachsorge anzuvertrauen, seine Einladung »Lass mich für dich sorgen!« anzunehmen. Bei ihm werden wir unsere Sorgen los. Er ist besorgt um uns. Daher um- und versorgt er uns mit dem, was wir notwendig brauchen.

»Wir sind seine einzige Sorge!«

So haben unsere Sorgen ausgesorgt.

⁂ Petrus und die anderen Jünger bekennen einmal auf Jesu Frage hin: »Habt ihr da je Mangel gehabt?« – »Niemals!« (Lk 22, 35).

⁂ Sorg(en)-los-werden, wie?:

– Wir stellen uns unseren Sorgen.
– Wir formulieren sie.
– Wir fragen uns:
  Worüber *mache* ich mir Sorgen? Warum sorge ich *mich?*
  Was *kann* ich dagegen tun? Wann *will* ich es tun?
– Wir geben sie im Gebet ab.

Ich will nochmals den Gedanken aufnehmen: »Mach aus Sorgen ein Gebet!« Paulus gibt uns Hilfen dazu. Im Philipperbrief, Kapitel 4, Vers 6 ⁂ lesen wir: »*Macht* euch keine Sorgen! Ihr dürft Gott um alles bitten. Sagt ihm, was euch fehlt, und dankt ihm!«

Wir sollen uns keine Sorgen *machen!* Es gibt also eine Geisteshaltung, eine Denkweise, die sich Sorgen *macht!* Wer kennt das nicht: die Sorge am Abend um den nächsten Tag? Die Angst und innere Unruhe, die einem zu schaffen machen, wenn man an das denkt, was morgen ansteht: der Termin beim Arzt, die Klassenarbeit, das Gespräch mit dem Chef, die wichtige Aussprache oder all die Alltagsverpflichtungen mit ihrem ständigen Einerlei. Statt zur Ruhe zu finden, kreisen die Gedanken um die Befürchtungen, was kommen könnte. Man kann den Abend gar nicht mehr in Ruhe und Zufriedenheit erleben. Selbst den Schlaf lässt man sich manchmal dadurch rauben. Hier müssen wir uns fragen: Wann leben wir: im Heute oder in dem, was morgen vielleicht irgendwie passieren kann? Jesu klare Anweisung zu dieser Frage lautet: Wer sich vom Sorgen ums Morgen faszinieren – also bannen – lässt, verpasst das, was Gott ihm ins Heute gegeben hat. »Sorgt nicht für morgen!«, damit sagt Jesus nicht, dass wir unsere Zukunft dem Schicksal, dem Zufall oder anderen Menschen überlassen sollen. Wir dürfen uns aber durch das Denken an Morgen nicht das Erleben der Güte und Freundlichkeit Gottes, seine Fürsorge und Hilfe im Heute rauben lassen, sonst geht uns die von Gott zugedachte Lebensqualität im Heute verloren. Das heißt letztlich: Uns gehen das Wissen, das Gefühl und die Erfahrung verloren, dass Gott im Heute mit uns ist und für uns sorgt. Statt in der Sorge gefangen zu sein, sollen wir im Gebet unsere Sorgen zu Gott bringen, bei ihm abladen – und das mit Danken, weil er für uns sorgt, sich um unsere Sorgen kümmert! Wir sollen keine sorgenvollen Gedanken bei uns behalten. Das wäre falsch.

»Herz, lass das Sorgen sein; sorgen bringt Angst und Pein!« So sorgt sich der Mensch, der keinen Vater im Himmel kennt. Wer sich Sorgen macht, der schaltet Gott als den entscheidenden Faktor = Macher seines Lebens aus. Er denkt, plant, lebt ohne Gott, als habe Gott nicht sein Wort gegeben, für ihn zu sorgen – in allen Lebenslagen.

Sorgen ist letztlich eine versteckte Anklage gegen den lebendigen Gott: Du bist für meine Sorgen und meinen Kummer verantwortlich. Du kümmerst dich nicht um mich. Du willst mich quälen und hast mich vergessen. Du erfüllst nicht mein Gebet. Du bist schuld! – Solches Denken verschlechtert immer die eigene Lebenslage. Danken aber lässt aufatmen, weitet den Lebensraum, führt aus der Unzufriedenheit, der Angst, der Sorge. Die Empfindung der Dankbarkeit verkleinert das Sorgen. Meine Dankbarkeit verstärkt meine guten, aufbauenden, Gott vertrauenden Gefühle und Gedanken, lenkt das Herz und Gemüt weg von den vielen Befürchtungen um das Morgen zur Ruhe, zum Zufriedenwerden, zur Geborgenheit.

Weil uns in der Bibel zugesagt wird: »Überlasst alle eure Sorgen Gott, denn er sorgt für euch!« (1. Petr 5, 7 *) – und Gott Wort hält, deshalb können wir ihm im Voraus danken. Er hilft uns wirklich, wie es für uns gut ist. Um etwas, für das man dankt, macht man sich keine Sorgen mehr.

Doch wie kann ich dankbar werden in einer Lebenslage, in der mir Sorgen zu schaffen machen? Antwort gibt Paulus an einer anderen Stelle im Neuen Testament. Im Römerbrief, Kapitel 8, Vers 28 * schreibt er: »Das eine aber wissen wir: Wer Gott liebt, dem dient alles, aber auch wirklich alles zu seinem Heil; denn dazu hat Gott selbst ihn erwählt und berufen.«

Alle Dinge dienen mir zum Guten mit, das darf ich glauben, wie ich glaube, dass Jesus Christus, Gottes Sohn, mir meine Schuld vergeben und mir ewiges Leben geschenkt hat und der Heilige Geist, Jesus heute, in mir lebt, so dass ich Anteil am Leben Gottes habe. Auch wenn wir in gewissen Lebenslagen gar keinen Sinn erkennen können, dürfen wir unserem Vater im Himmel glauben, dass er nicht nur im Großen für unser Heil gesorgt hat, sondern auch im Heute um die kleinen Dinge unseres Lebens besorgt ist. Gestern ist vorbei. Morgen noch nicht da. Heute hilft der Herr!

Beantworten wir uns vier Fragen, um besser mit unseren Sorgen umgehen zu lernen:

* Neige ich dazu, nicht im Heute zu leben, weil ich mir Sorgen um das Morgen mache?
* Komme ich nicht dazu, im Heute zu leben, weil ich noch im Gestern gefangen bin, im »Hätte ich doch«?
* Was will ich heute dagegen tun?
* Was fange ich mit dem Gebet der Väter an: »Herr, gib mir die Gelassenheit, Dinge hinzunehmen, die ich nicht ändern kann; gib mir den Mut, Dinge zu ändern, die ich ändern kann; gib mir die Weisheit, das eine vom anderen zu unterscheiden.«?

Eine zweite seelsorgerliche Hilfe gibt uns Paulus im Philipperbrief, Kapitel 4, Vers 8 *:

»... orientiert euch an dem, was wahrhaftig, gut und gerecht, was anständig, liebenswert und schön ist. Wo immer ihr etwas Gutes entdeckt, das Lob verdient, darüber denkt nach.«

Menschen, die sich Sorgen machen, neigen nicht nur dazu, mit ihren Gedanken mehr um das Morgen als um das Heute zu kreisen, sondern auch auf die Schwierigkeiten zu starren, statt eine Lösung im Auge zu haben. Wieviel negative Vorentwürfe aller möglichen Lebenslagen haben schon den Schlaf geraubt. Und am nächsten Tag sah alles ganz anders aus als herbeigefürchtet. Wir sollen uns fragen: Wie kann ich das Beste aus dem machen, was mir Sorgen macht – und das zur Ehre Gottes? Also: Nicht mehr problembezogen, sondern lösungsorientiert beten und denken. Nicht im Selbstmitleid und im Selbstbedauern, in der Verzagtheit und im Kleinglauben stecken bleiben, sondern im Danken die entscheidende Hilfe in Anspruch nehmen: »Herr, du sorgst für mich. Dir vertraue ich. Du hast einen Weg für mich. Du wirst mich führen. Ich weiß zwar nicht wie, kann es mir im Augenblick auch nicht vorstellen. Aber du hast Möglichkeiten, von denen ich nicht einmal träume. Du hast Weg allerwegen; an Mittel zu helfen, fehlt es dir nicht – ich vertraue dir! Ich will beten, überlegen und in deinem Wort, der Bibel, nachlesen, was es zu meiner Lebenslage sagt. Und dann will ich tun, was ich erkannt habe. Alles andere will ich dir überlassen.«

Wieder vier Fragen zum Nachdenken:

* Worüber sorge ich mich?   → Iststand
* Warum sorge ich mich?   → Analyse, Ursache
* Was sagt Gottes Wort dazu?   → Antworten
* Wie will ich nun beten und denken?   → Strategie

Noch eine dritte Hilfe gibt uns Paulus im Philipperbrief, Kapitel 4, Vers 9 *:

»Haltet an dem Evangelium fest, so wie ihr es von mir gehört und angenommen habt. Richtet euch nach dem, was ich euch gelehrt habe, und lebt nach meinem Vorbild. Dann wird Gott bei euch sein und euch seinen Frieden schenken.«

Bisher wurden uns als Hilfen angeboten:

* Mach aus Sorgen ein Gebet.
* Denke lösungsorientiert und nicht problemorientiert.

Jetzt geht es um das Planen und Handeln.

Viele Sorgen kommen daher, dass Menschen Entscheidungen zu treffen versuchen, bevor sie über den Zusammenhängen gebetet und darüber vor Gott nachgedacht haben. Daraus können wir einen seelsorgerlichen Merksatz für den Umgang mit Sorgen formulieren: »Erst beten und denken, dann planen und handeln!«

Denken, beten, planen und handeln sind Arbeit. Und sie soll ganz bewusst geschehen nach dem weisen Wort der Väter: »Bete und arbeite!«

Wenn wir uns der Bewältigung unserer Sorgen unter der Führung des Geistes Gottes – er ist ja der Krisenmanager schlechthin – zuwenden, können wir uns nicht gleichzeitig Sorgen *machen*. Unsere Kraft ist dann zum rechten Umgang mit den Sorgen investiert. Denn wer sich ständig Sorgen macht, ist oft so darin gefangen, dass er nichts anderes denken und tun kann. Das vergiftet sein Gott vertrauendes Denken und dann auch seine Gefühle, die ihn dann zum Kleinglauben manipulieren. Er wälzt seine Sorgensteine und vergeudet dabei seine Kraft, die er so nötig braucht, um Lösungen anzudenken und anzupacken. Paulus ermutigt uns, es ihm bei der Bewältigung der Sorgen gleichzumachen, seinem Vorbild zu folgen und zu tun, was er als Anleitung gegeben hat. Er sagt: Richtet euch nach dem, was ich euch gelehrt und vorgelebt habe. Ein diesbezügliches Beispiel von Sorgenbewältigung schildert er im 2. Korintherbrief, Kapitel 1, den Versen 8-11[*]:

» . . . ihr solltet wissen, dass wir in der Provinz Asiens Schweres erdulden mussten. Wir waren mit unseren Kräften am Ende und hatten schon mit unserem Leben abgeschlossen. Unser Tod schien uns unausweichlich. Aber Gott wollte, dass wir uns nicht auf uns selbst verlassen, sondern auf ihn, der die Toten zu neuem Leben erweckt. Und tatsächlich hat Gott uns vor dem Tod gerettet. Er wird es auch in Zukunft tun; davon bin ich überzeugt. Denn auch ihr betet ja für uns. Und so werden nicht nur wir, sondern viele Gott dafür danken, daß er uns bewahrt hat.«

»Unser Leben ist das, wozu unsere Gedanken es machen« (Mark Aurel). Selbst wenn sich unsere Lebenslage nicht ändert und wir auch nichts ändern können, besteht die große Chance, dass wir in der Bedrängnis etwas ganz Entscheidendes lernen, weil sich unsere Einstellung ändert, und das ist des tiefen Dankes an Gott wert: »Es geschah aber darum, dass wir unser Vertrauen nicht auf uns selbst setzten, sondern auf Gott, der die Toten auferweckt« – also aus Nichts etwas ganz Neues macht.

Auch hier wollen wir uns vier Fragen stellen, die uns bei der Entsorgung weiterhelfen:

* Was will ich gegen das Sorgen tun?   ➤ Lösungen finden
* Wie will ich es tun?   ➤ Realisierung festlegen
* Wann will ich es tun?   ➤ Zeitpunkt festlegen
* Wann, wie und wo will ich Gott   ➤ Umsetzen
  für seine Hilfe danken?

Ich lade Sie ein, unsere Gedanken in ein Gebet einmünden zu lassen:

Herr, mein Gott,
ich danke dir, dass ich in meinem Leben immer wieder deine Fürsorge erfahre. Du bist stets da und wo ich mich dir anvertraue, erfahre ich auch: Du sorgst für mich.
Verzeih mir, ich habe mir eine Menge Sorgen selbst gemacht, statt dich für mich sorgen zu lassen, wie du es zugesagt hast und ja auch tust.
Herr, mein Gott,
mir Sorgen machend, habe ich oft erst deren Verwirklichung möglich gemacht. Verzeih mir. Ich musste dann erleben, wie sie mich niederdrückten. Es war meine falsche Erwartungshaltung, die das bewirkte, dass ich mich zersorgte.
Herr, mein Gott,
ich will mich jetzt anders verhalten: Ich will aus meinen Sorgen ein Gebet machen und sie dir damit abgeben. Ich will das tun mit Dank, dass du für mich sorgst. Du umsorgst mich und bist auch um mich besorgt. Nicht nur ich, jeder Mensch, auch der geringste, ist so in deiner Hand, als wäre er deine einzigste Sorge. Das will ich glaubensvoll für mich in Anspruch nehmen. Dann habe ich ausgesorgt, weil ich für immer und ewig durch dich versorgt bin. Dann kann ich Sorgen los werden. Ja, ich werde sorglos.
Herr, mein Gott,

du achtest mich wert. Du kennst mich beim Namen. Du hast mich lieb. Das erlebe ich ganz besonders, wenn ich in Bedrängnis dir vertraue. Du bist da mit deinen vielen Möglichkeiten, um mir zu helfen, dass ich nicht im Meer der Sorgen untergehe.

Herr, mein Gott,
du willst, dass mein Leben Qualität hat, Weite und Tiefe, Sinn und Ziel. Leben im Überfluss bietest du mir an. Du lädst mich an deinen reich gedeckten Tisch: dein Wort – Verheißung und Zuspruch, Wegweisung und Zurechtweisung, Mahnung und Ermutigung – will meine Speise sein. Damit willst du mich versorgen.

Danke, Herr, mein Gott. Ich will dir vertrauen und deinem Wort gehorsam sein! Du sorgst für mich!

Kassette:
Die Macht der Gedanken 2, Bestell-Nr. 11221, ERF-Verlag, Wetzlar

Gesprächstherapie: Selbstgespräche

Gehören Sie auch zu den Menschen, die Selbstgespräche führen? –
Nein? Wirklich nicht? Wenn Sie das meinen, dann sollten Sie sich
einmal die Frage stellen: Mit wem spreche ich am meisten am Tag
und auch in der Nacht? Wenn Sie mehr darüber nachdenken, kommen Sie dann auch zu dem Schluss: Mit mir selbst! Das beginnt
schon am Morgen beim Aufwachen, wenn ich mich selbst frage:
›Was wird der Tag heute bringen?‹ Und es geht nicht selten weiter im
Verlauf des Tages: ›Wie verhalte ich mich nur, wenn …?‹ Und auch
die Nacht ist nicht davon ausgenommen. Erst gedacht und dann für
sich gesagt: ›Wie es wohl dem und der geht?‹

Das Nachdenken über sich selbst, das Sprechen mit sich selbst ist
eine Besonderheit, die nur dem Menschen von Gott, seinem Schöpfer, verliehen ist. Der Mensch soll damit aber nicht mit sich allein bleiben, mit seinem eigenen Erleben, seinen eigenen Gedanken, Nöten,
Sorgen, »Krisen, Kummer und Konflikten«, sondern seine Selbstgespräche sollen zum Gedankenaustausch mit Gott führen. Dadurch
kann der Mensch lernen, einen neuen Standpunkt einzunehmen und
somit eine neue Perspektive, eine neue Sicht seiner selbst, seiner Mitmenschen, seiner Umwelt und nicht zuletzt seines Gottes zu bekommen. Denn »nicht das Problem macht die Schwierigkeiten, sondern
unsere Sichtweise« (Victor E. Frankl), wie wir darüber denken und
wie wir damit umgehen. Ein zuversichtlicher Mensch geht z. B.
anders damit um als ein verzagter.

Mit sich selbst im Gespräch zu sein, hat zwei Seiten; kann hilfreich
aber auch belastend sein, denn Gedanken haben Macht, positive wie
negative, was gute wie böse Auswirkungen haben kann. Das zeigt
uns schon die Bibel:

Da sind die zerstörerischen Selbstgespräche: Sie haben, nach Jesu
Worten, ihren Auslöser in unserem Herzen: »Denn aus dem Herzen

kommen böse Gedanken: Mord, Ehebruch, Unzucht, Diebstahl, falsches Zeugnis, Lästerung« (Mt 15, 19) und wir können fortfahren: Neid, Eifersucht, Sorge, Angst, Ärger, Überheblichkeit.

So lesen wir z. B. vom Pharisäer, wie er im Tempel betet: »Er betete bei sich selbst also: »Ich danke dir, Gott, dass ich nicht bin wie andere Leute . . . « (Lk 18, 11 *). Und vom reichen Kornbauern lesen wir: »Ich will sagen zu meiner Seele: Liebe Seele, du hast einen großen Vorrat für viele Jahre; habe nun Ruhe, iss, trink . . . « (Lk 12, 19). Das ist falsche Selbstzufriedenheit. Sie ist gefährlich, wenn kein Umdenken und Neudenken folgt. Man bleibt auf sich selbst bezogen, eigensüchtig.

Wir tragen Verantwortung für das, was wir denken und damit sind. Was wir bis jetzt sind, ist das Ergebnis unserer Gedanken der Vergangenheit, die unser Reden, Fühlen und Handeln prägen. Deshalb ist die Frage wichtig, was wir lesen, was wir uns ansehen, welche Phantasien wir pflegen, mit wem wir Gemeinschaft haben, wessen Einfluss wir uns aussetzen.

Das modern gewordene Abschieben jeder Verantwortung für sich selbst gilt nur beschränkt im Blick auf Erbmasse, Versagen von Vater und Mutter, Kindheitserlebnisse, soziales Umfeld, falsche Erziehung, mangelnde Chancen. Wir dürfen unsere Eigenverantwortung nicht vergessen.

Denken und Tun wirken nicht nur nach außen, sondern prägen auch den Menschen selbst, gesellschaftlich, beruflich, weltanschaulich, rechtlich-moralisch, ethisch und damit sein Selbstbild und sein Selbstwertgefühl.

Wenn Gedanken sich der Kontrolle entziehen, können sie eine verheerende Eigendynamik entwickeln. Ein klassisches Beispiel dafür ist eine kurze Geschichte von Paul Watzlawide:

»Ein Mann will ein Bild aufhängen. Den Nagel hat er, nicht aber den Hammer. Der Nachbar hat einen. Also beschließt unser Mann, hinüberzugehen und ihn auszuleihen. Doch da kommt ihm ein Zweifel: Was, wenn der Nachbar mir den Hammer nicht leihen will? Gestern schon grüßte er mich nur flüchtig. Vielleicht war er in Eile. Aber vielleicht war die Eile nur vorgeschützt, und er hat etwas gegen mich. Und was? Ich habe ihm nichts getan; der bildet sich etwas ein.

Wenn jemand von mir ein Werkzeug borgen wollte, ich gäbe es ihm sofort. Und warum er nicht? Wie kann man einem Mitmenschen einen so einfachen Gefallen abschlagen? Leute wie dieser Kerl vergiften einem das Leben. Und dann bildet er sich noch ein, ich sei auf ihn angewiesen. Bloß weil er einen Hammer hat. Jetzt reicht's mir wirklich. – Und so stürmt er hinüber, läutet. Der Nachbar öffnet, doch bevor er ›Guten Tag‹ sagen kann, schreit ihn unser Mann an: ›Behalten Sie Ihren Hammer, Sie Rüpel!‹«

Hier haben Gedanken selbständig gemacht.

Negative »Selbsteinreden« (Anselm Grün) kann keine positiven Überzeugungen und konstruktive Gefühle hervorrufen. Das zeigt sich auch darin, wie ein Mensch über sich selbst denkt. Wer sich ständig einredet: »Ich bin nichts, ich kann nichts, aus mir wird nichts ... Alle anderen sind begabter, reicher, sehen besser aus, haben ein besseres Elternhaus; ich bin immer einsam, kann keine Kontakte knüpfen, keine Freundschaften pflegen, mich liebt keiner, keiner mag mich ...« – wer so denkt und dieses Denken noch pflegt, also nicht dagegen arbeitet, der untergräbt sein Selbstvertrauen ebenso wie sein Selbstwertgefühl; auch sein Gottvertrauen kann nicht wachsen und reifen. Er fristet ein qualitativ armes Leben, was aber nicht so sein muss, wenn er sich daran macht, sein gottvertrauendes Denken zu mobilisieren und dies kontinuierlich aufzubauen.

Noch eine andere Modellgeschichte soll das deutlich machen:
»Eine Frau findet beim Aufräumen in einem Buch ihres Mannes einen Liebesbrief, den eine andere Frau an ihn geschrieben hat. Zunächst begreift sie beim Lesen der zärtlichen Worte deren furchtbare Bedeutung für sich selbst noch gar nicht. Aber schon nach der ersten Seite ist ihr alles so klar, dass sie nicht mehr weiterlesen kann. Mechanisch erledigt sie noch einige ihrer Hausfrauenpflichten, während es in ihr drunter und drüber geht. Sie fällt nicht in Ohnmacht, wie die Großmütter es noch taten. Sie weint noch nicht einmal. Sie versucht, möglichst sachlich zu überlegen, wie es für sie weitergehen könnte. Soll sie nach der Scheidung wieder im Büro arbeiten? Soll sie das Eckzimmer – denn die Wohnung muss sie ja verlassen! – vermieten? Dazwischen wird sie von schmerzhaften Visionen gepeinigt: Sie sieht ihren Mann mit der anderen in einer Bar sitzen; er schaut auf die

Uhr und sagt seufzend: »›Ich muss gehen, sie wartet.‹ Das treibt sie zu der düsteren Entschlossenheit, die Trennung noch am gleichen Tag herbeizuführen. Nun kann sie auch den Brief zu Ende lesen – und merkt auf der zweiten Seite, dass er gar nicht an ihren Mann gerichtet ist, sondern an einen fremden Herrn, der ihn beim Verleihen des Buches versehentlich darin liegen ließ. Natürlich muss sie jetzt lachen, aber es ist kein gutes und befreites Lachen. Noch stundenlang ist sie wie gelähmt.« – So zu lesen in der Erzählung »Der Strohhalm« von M. L. Kaschnitz (Lange Schatten, dtv).

Was ist hier geschehen? Nicht nur ein verhängnisvolles Vorurteil ist vorhanden, weil ein Mensch den wichtigsten Teil einer Situation nicht ins Blickfeld bekommt und das ihm zugängliche Bruchstück für die ganze Wirklichkeit hält, sondern auch die bösen, negativen Gedanken werden sofort im Herzen weiter verfolgt. Es findet keine »Gegenrede« statt. Alle anderen Kräfte – Liebe, Vertrauen, Zusammengehörigkeit, Verantwortungsbewusstsein – scheinen in sich zu zerfallen vor der Übermacht des Vorurteils, dessen, was man sich selbst zurechtmacht. Und die Überlegungen, die dann angestellt werden und sich so sachlich gebärden – sie sind negative »Selbsteinreden« (Anselm Grün).

Das ist einmal das Erste, was wir festhalten wollen: *Wir tragen Verantwortung für das, was wir denken und damit sind.*

Wie negative und böse Gedanken zum Fluch für einen selbst und zum Verletzen anderer führen können, so können sich gute Gedanken segensreich auswirken. Wie negative und böse Gedanken zu Resignation und Lebensmüdigkeit führen können, so können gute Gedanken neue Lebenskraft schenken und neue Lebensperspektiven eröffnen.

Das zweite, womit wir uns befassen wollen, ist daher die Frage, wie wir mit unseren negativen, bösen Gedanken konstruktiv umgehen lernen, damit sie zu heilsamem Denken führen: Es gibt nicht nur die negativen, sondern auch die positiven Selbstgespräche: Wie wir darum bemüht sind, unseren Körper vor Infektionen zu schützen, sollten wir auch unserem Geist diese Aufmerksamkeit zugute kommen lassen. Unsere Seele, unser Gefühlsleben dankt es uns. Denn es gibt seelische Infektionen, die gravierender sind als die körperlichen.

Unser Herz ist die Schaltzentrale, die, je nachdem unter welchen Einfluss sie kommt, Auswirkungen hat. Achten wir also ganz bewusst darauf, welche Gedanken in unserem Herzen Sitz- und Stimmrecht haben wollen. Das gilt es zu kontrollieren.

Unsere Gedanken und Sinne reagieren sehr sensibel auf das, womit wir sie nähren. Denn das Denken unseres Herzens – nicht nur unseres Kopfes – ist der Acker unserer Taten. Unser Denken kann immer nur so gut sein wie das Herz. Das Böse drängt zu ebenso leidenschaftlichem Tun wie das Gute. Schwieriger als das Denken des Kopfes ist, das des Herzens in Zucht zu nehmen. Wie wir darauf achten, uns nicht zu erkälten und uns daher durch wärmere Kleidung schützen, ganz ähnlich braucht auch unsere Seele Kleider. Paulus erinnert uns an verschiedenen Stellen seiner Briefe daran (1. Kor 2, 11-16; Eph 4, 22-32; Kol 3, 9-17):

»Ihr habt doch euer früheres Leben mit allem, was dazu gehört, wie alte Kleider abgelegt. Zieht jetzt neue Kleider an, denn ihr seid neue Menschen geworden. Lasst euch von Gott erneuern. So entsprecht ihr immer mehr dem Bild, nach dem Gott euch geschaffen hat. ... Weil ihr von Gott auserwählt und seine geliebten Kinder seid, die zu ihm gehören, sollt ihr euch untereinander auch herzlich lieben in Barmherzigkeit, Güte, Demut, Nachsicht und Geduld. Streitet nicht miteinander, und seid bereit, einander zu vergeben, selbst wenn ihr glaubt, im Recht zu sein. Denn auch Christus hat euch vergeben. Das Wichtigste ist die Liebe. Wenn ihr sie habt, wird euch nichts fehlen. Und der Friede, den Christus schenkt, soll euer ganzes Leben bestimmen. Gott hat euch dazu berufen, als Gemeinde Jesu in diesem Frieden eins zu sein. Dankt Gott dafür!« – Soweit Paulus im Kolosserbrief, Kapitel 3, die Verse 9-15 [*].

Diese neuen Kleider sollen wir also anziehen, um uns gegen eine seelische Infektion zu schützen. Oder anders gesagt: Wir sollen dem Geist Gutes tun, damit sich unsere Seele und unser Leib freuen. Was wir bis jetzt sind, ist das Ergebnis unserer Gedanken der Vergangenheit, die unser Fühlen, Reden und Handeln prägen. Was wir künftig sein werden, wird das Ergebnis unseres jetzigen und künftigen Denkens, Sprechens und Tuns sein. Eine enorme, wenn auch im ersten Augenblick keineswegs bequeme Möglichkeit einer neuen positiven, gottvertrauenden Lebensgestaltung. Hier gilt das Pauluswort aus Römer 12 ganz besonders. Ein entscheidend wichtiges Wort in dieser Form der heilsamen Selbstgespräche: »Ändert euch durch Erneuerung eures Sinnes« (Röm 12, 2). Das heißt: Korrigiert euer falsches Denken. Dieses Korrigieren, dieses Anziehen des »neuen Kleides«, das Umdenken und Neudenken geht zwar nicht im »Handumdrehen«, also von jetzt auf gleich. Doch beharrliches Üben hat die Verheißung Gottes, dass er es dem Aufrichtigen gelingen lässt (Spr 2, 7). Das hängt damit zusammen, dass der Mensch, der bewusst mit Gott lebt, unter dem Einfluss eines neuen Geistes, des Geistes Gottes, des Heiligen Geistes, lebt. Paulus sagt: »Gehört jemand zu Christus, dann ist er ein neuer Mensch. Was vorher war, ist vergangen, etwas Neues hat begonnen. All dies verdanken wir Gott, der durch Christus mit uns Frieden geschlossen hat ... Denn Gott hat Christus ... , der ohne jede Schuld war, mit all unserer Schuld beladen und verurteilt, damit wir von dieser Schuld frei sind und Menschen werden, die Gott gefallen« (2. Kor 5, 17 - 18a.21 *). So kann Paulus die Entscheidung treffen: »Ich setze alles dran, das Ziel zu erreichen, damit der Siegespreis einmal mir gehört, wie ich jetzt schon zu Christus gehöre. Wie gesagt, meine lieben Brüder, ich weiß genau: Noch habe ich den Preis nicht in der Hand. Aber eins steht fest, dass ich alles vergessen will, was hinter mir liegt. Ich konzentriere mich nur noch auf das vor mir liegende Ziel. Mit aller Kraft laufe ich darauf zu, um den Siegespreis zu gewinnen, das Leben in Gottes Herrlichkeit. Denn dazu hat uns Gott durch Jesus Christus berufen. Wir alle, die wir auf dem Weg sind, wollen uns so verhalten. Wenn ihr in dem einen oder anderen Punkt nicht meiner Meinung seid, wird Gott euch Klarheit und Einsicht schenken. Doch an dem, was ihr schon erreicht habt, müsst ihr auch festhalten. Bleibt nicht auf halbem Wege stehen!« (Phil 3, 12 - 16 *).

Wie kann das nun konkret aussehen?

* Legen Sie sich ein Merkbuch an. Auf der linken Seite, nennen wir sie Seite ›A‹, tragen Sie Ihre zerstörerischen Gedanken ein. Dann überlegen Sie, wie das alles positiv aussehen würde. Ihre Erkenntnisse tragen Sie dann auf der rechten Seite ein, wir nennen sie Seite ›B‹. Dann überlegen Sie weiter: Wie komme ich von ›A‹ nach ›B‹? Den Weg dorthin nennen wir ›C‹. Wenn Ihnen klar

geworden ist, wie dieser Weg, von dem Paulus ja in unseren Texten gesprochen hat, aussehen könnte, machen Sie daraus ein Gebet. Bitten Sie jetzt Jesus Christus ganz konkret, Ihnen beim Umsetzen und Einüben des Erkannten zu helfen. Tun Sie dies in dem Wissen, das Paulus einmal so formuliert: »Das alles kann ich durch Christus, der mir Kraft und Stärke dazu gibt« (Phil 4, 13 *) oder wie Luther diesen Text übersetzt hat: »Ich vermag alles durch den, der mich mächtig macht (Christus)!« Und später vergessen Sie das Danken nicht, wenn Sie in Ihrem Merkbuch notieren, wann und wie es zu positiven Veränderungen in Ihrem Leben gekommen ist.

* Es kann sein, dass Sie auf dem Weg feststellen müssen: So geht es nicht. Die Probleme bleiben. Dann sollten Sie es mit dem Wiener Komiker Hans Moser in der legendären Szene halten. Da sollen zwei Dienstmänner einen voluminösen Schrankkoffer durch ein enges Stiegenhaus hinauftragen. Es stellt sich die Kernfrage: »Wie nehmen wir ihn denn?« – Die Probleme an sich können wir nicht austauschen. Sie sind vorgegeben und stellen sich meist ungesucht. Uns bleibt es jedoch überlassen, wie wir sie sehen und an sie herangehen. Mit Zuversicht und gottvertrauendem Denken lassen sich neben den Schwierigkeiten auch Möglichkeiten erkennen. Und wenn die trügen? Nun, dann stellt man den »Koffer« eben wieder ab und versucht es anders. Vieles lässt sich nicht auf einmal lösen. Wer Patentrezepte anbietet, macht mich skeptisch und auch stutzig. Bei den ganz großen Problemen ist m. E. von vornherein klar, dass die Schwierigkeiten nie ganz zu überwinden sein werden. Dann wollen wir den Mut zum Stückwerk haben, auch zum Unvollkommenen. Allen Hunger können wir nicht stillen, wohl aber einen Teil des Hungers. Jede Form von Angst wird kaum verschwinden, aber mit ihr zu leben, das können wir lernen.

Immer wieder haben einzelne Menschen vor Schwierigkeiten nicht kapituliert. Weil sie Gott auf ihrer Seite wussten, haben sie nicht aufgesteckt, sondern wieder neu angefangen. Für sie galt: Fange nie an aufzuhören, höre nie auf, anzufangen!

In Psalm 77, 1-14 lesen wir einen solchen Bericht:

»Ich rufe zu Gott und schreie um Hilfe, zu Gott rufe ich, und er erhört mich. In der Zeit meiner Not suche ich den Herrn; meine Hand ist des Nachts ausgereckt und lässt nicht ab; denn meine Seele will sich nicht trösten lassen. Ich denke an Gott – und bin betrübt; ich sinne nach – und mein Herz ist in Ängsten. Meine Augen hältst du, dass sie wachen müssen; ich bin so voll Unruhe, dass ich nicht reden kann. Ich gedenke der alten Zeiten, der vergangenen Jahre. Ich denke und sinne des Nachts und rede mit meinem Herzen, mein Geist muss forschen. Wird denn der Herr auf ewig verstoßen und keine Gnade mehr erweisen? Ist's denn ganz und gar aus mit seiner Güte, und hat die Verheißung für immer ein Ende? Hat Gott vergessen, gnädig zu sein, oder sein Erbarmen im Zorn verschlossen? Ich sprach: Darunter leide ich, dass die rechte Hand des Höchsten sich so ändern kann. Darum denke ich an die Taten des Herrn, ja, ich denke an deine früheren Wunder und sinne über alle deine Werke und denke über deine Taten nach. Gott, dein Weg ist heilig. Wo ist ein so mächtiger Gott; wie du, Gott, bist?«

Wir wollen uns Gedanken machen, ohne uns den Kopf zu zerbrechen. Paulus ermutigt uns aus eigner Erfahrung dazu: »Obwohl uns die Schwierigkeiten von allen Seiten bedrängen, lassen wir uns nicht von ihnen überwältigen. Wir sind oft ratlos, aber nicht verzweifelt. Von Menschen werden wir verfolgt, aber bei Gott finden wir Zuflucht. Wir werden zu Boden geschlagen, aber wir kommen dabei nicht um. Indem wir täglich unser Leben für Jesus einsetzen, erfahren wir am eigenen Leib etwas von seinem Sterben. Wir erfahren dadurch aber auch etwas vom Leben des auferstandenen Jesus« (2. Kor 4, 8-10 *).

Es geht um das gottvertrauende »Aber«. Ausschlaggebend ist, wie wir die Probleme sehen und »nehmen«. Wir müssen nicht zwangsläufig negativ mit uns selbst sprechen und uns dadurch zerstörerisch beeinflussen. Wir haben ein so großes Denkvermögen, dass wir das Gott vertrauende Denken konstruktiv nutzen können durch Gegenreden; auch hier gibt uns die Bibel Anleitung dazu:

Wir lesen z. B. Psalm 73: »Selbst wenn alle meine Kräfte schwinden und ich umkomme, so bist du doch, Gott, allzeit meine Stärke –

ja, du bist alles, was ich habe! Eins ist sicher: Wer dich ablehnt, wird zugrunde gehen; du vernichtest jeden, der dir die Treue bricht: ich aber darf dir immer nahe sein, mein Herr und mein Gott; das ist mein ganzes Glück. Dir vertraue ich, deine wunderbaren Taten will ich weitererzählen« (Ps 73, 26-28).

»Ich war in eine verzweifelte Lage geraten«, stellt der Beter bei sich selbst fest (Ps 40, 3 ff. *), »aber er (Gott) hat mich herausgezogen und auf festen Boden gestellt.« »Unlösbare Schwierigkeiten haben mich eingeholt, und die Folgen sind nicht mehr zu überblicken. Jeder Mut hat mich verlassen.« Doch nun setzt der Beter zur Gegenrede an: »Aber alle, die sich dir anvertrauen, werden vor Freude jubeln.« Nicht aufstecken, aufstehen ist angesagt! Er nimmt einen Blickwechsel vor, weg von sich selbst, hin zu seinem Gott. Er spricht nicht das resignierende, sondern das Gott vertrauende ›Aber‹. »Ich bin arm und elend ... aber Gott sorgt für mich.« Zu diesem Aufstehen verhilft die positive Gegenrede, wie wir sie vielfach in der Bibel finden.

Die Psalmen sind schon angesprochen. Psalm 42, 6: »Was betrübst du dich, meine Seele, und bist so unruhig in mir? Harre auf Gott; denn ich werde ihm noch danken, dass er meines Angesichts Hilfe und mein Gott ist« – »Warum bin ich so traurig? Warum ist mein Herz so schwer? Auf Gott will ich hoffen, denn ich weiß: ich werde ihm wieder danken. Er ist mein Gott, er wird mir beistehen« (Ps 42, 6 *).

Oder die klassische Stelle in Psalm 103: »Lobe den Herrn, meine Seele, und vergiss nicht, was er dir Gutes getan hat. Lobe den Herrn, meine Seele, und was in mir ist, seinen heiligen Namen« Auch Psalm 62, 2 ist eine solche Gegenrede: »Meine Seele ist stille zu Gott, der mir hilft.« Wir wollen nicht problemorientiert denken, sondern lösungsorientiert mit Gott ins Gespräch kommen. Gott lässt mit sich reden.

* Auch durch das Auswendiglernen und Memorieren von Gesangbuchliedern, die diesen Ansatz aufnehmen und vertiefen, wird uns konkrete Hilfe zum Gedankenaustausch gegeben:

- »Auf, Seele, Gott zu loben ... «
- »Auf, auf, mein Herz ... «
- »Du meine Seele, singe ... «
- »Erheb, o Seele, deinen Sinn ... «

- »Freu dich sehr, o meine Seele . . . «
- »Geh aus, mein Herz und suche Freud . . . «
- »Harre, meine Seele, harre des Herrn . . . «
- »Lobe den Herrn, o meine Seele . . . «
- »Mache dich, mein Geist, bereit . . . «
- »Mein Herz, was dir begegnen und widerfahren mag . . . «
- »Nun lob, mein Seel, den Herren . . . «
- »Seele, was ermüdst du dich in den Dingen dieser Erden . . . «
- »Wach auf, mein Herz und singe . . . «
- »Werde munter, mein Gemüte . . . «

Es besteht für uns die Möglichkeit, im Gespräch mit uns selbst und mit Gott (Lk 15, 17 - 21) zum wohltuenden Gedanken-Austausch zu kommen, um unsere Seele heilsam zu therapieren. Wenn schon Selbstgespräche, dann aufbauende, das Gott vertrauende Denken, motivierende Gespräche mit der eigenen Seele, um vom Nachdenken über das Memorieren zum Umdenken, Neudenken und Danken zu kommen.

Achten Sie mehr als bisher auf Ihre Selbstgespräche. Gehen Sie mit Ihrer eigenen Seele liebevoller um, damit es immer öfter heißt: »Sie fingen an, fröhlich zu sein« (Lk 15, 24).

Kassette:
Die Macht der Gedanken 3, Bestell-Nr. 11221, ERF-Verlag, Wetzlar.

Das Gebet des Glaubens und die Handauflegung

Die Gemeinde Jesu steht in der Gefahr, manche biblischen Wahrheiten als veraltet beiseite zu legen. Dazu gehört auch das Gebet des Glaubens.

Die physische und psychische Not, der wir heute auch in der Gemeinde immer mehr begegnen, lässt neu die Frage nach diesem biblischen Dienst lebendig werden. Zugleich ist man jedoch verunsichert und weiß nicht, wie man sich verhalten soll. Besonders zwei Gründe tragen dazu bei:

1. Eine Überbewertung der Krankenheilung. Man wird »wundersüchtig« (Apg 8), indem man folgert, in jedem Fall sei es ein Mangel an Glauben, wenn man krank bleibe; dem lebendigen Glauben müsste alle Krankheit weichen. Dabei setzt man die in Jesus Christus erfahrene Erlösung mit irdischem Wohlergehen gleich. Diese Einstellung kann so weit gehen, dass man zu fragwürdigen Heilweisen greift. Niemals darf aber für die Heilung des Leibes ein Preis gezahlt werden, der zur Schädigung der Seele führt (Mt 16, 26).

2. Eine Unterbewertung der Krankenheilung. Man wird »wunderflüchtig«. Alle Heilmittel werden ausprobiert; zu viele werden ja angepriesen. Doch damit wird die eine Heilmethode, nämlich die biblische, unbeachtet gelassen, sei es aus Unkenntnis der Bibel, aus Unglauben oder aus ungeheiligter bzw. geheuchelter Geduld. Es ist nämlich manchmal »leichter«, sich an Krückstock und Kuren zu gewöhnen, als tätig im Glauben die Aussagen der Bibel ernst zu nehmen und Gott als Arzt anzurufen (2. Mose 15, 26).

Es ist für Leute Jesu kein richtiges Verhalten, wenn sie alles versucht haben, sich dann zuletzt an ihren Herrn zu wenden. Gott will immer zuerst konsultiert werden, nicht erst, wenn man alles andere probiert hat, dann nach dem Motto: Jetzt kann man nur noch beten. Gott kann mit und ohne Arzneimittel helfen. Dabei betone ich ausdrücklich: Arzt und Arzneimittel sind eine Gabe Gottes.

Für manchen mag es selbstverständlich sein, dass er sich beim Gebet des Glaubens und dem Salben mit Öl von Arzneimitteln enthält; für andere ist es keine Beschneidung der Ehre Gottes, wenn sie trotz Arzneimitteln darum bitten, dass über ihnen gebetet wird und sie mit Öl gesalbt werden. Jedenfalls sollte man sich davor hüten, es Glaubensmenschen nachzumachen, ohne den Glauben solcher Menschen zu haben. Das führt zu Irrtum und Seelennöten.

Die Gemeinde Jesu der Gegenwart braucht eine neue biblische Einstellung zur Krankheit im Allgemeinen, eine persönliche Einstellung zum einzelnen Krankheitsfall; vor allem aber braucht sie eine biblische Einstellung zur Heilung. Worte aus dem Jakobusbrief, Kapitel 5, die Verse 14-16, helfen uns dazu. Dort lesen wir:

»Ist jemand unter euch krank, der rufe zu sich die Ältesten der Gemeinde, dass sie über ihm beten und ihn salben mit Öl in dem Namen des Herrn. Und das Gebet des Glaubens wird dem Kranken helfen, und der Herr wird ihn aufrichten; und wenn er hat Sünden getan, wird ihm vergeben werden. Bekennet also einander eure Sünden und betet füreinander, dass ihr gesund werdet. Des Gerechten Gebet vermag viel, wenn es ernstlich ist.«

»*Das Gebet des Glaubens wird dem Kranken helfen.*« Dieser Satz aus dem eben zitierten Text aus dem Jakobusbrief mag dem einen eine Provokation, dem anderen eine hilfreiche Zusage sein. Es kommt entscheidend auf den Standort an, den man einnimmt. Ich sage das aus eigener Erfahrung. Lange Zeit konnte ich mit diesem Bibelwort nicht viel anfangen. Es war eine Sache meiner Überlegungen. Dann kam die Zeit, dass aus dem Denkproblem ein Existenzproblem wurde. Ich wurde krank, ernstlich krank. Eine ganz andere Auseinandersetzung mit den Aussagen dieses Wortes begann. So bekam ich auch einen ganz neuen Zugang dazu.

»*Das Gebet des Glaubens wird dem Kranken helfen.*« Diese Worte legen eine sehr starke Betonung auf unseren Glauben, unser Beten. Früher, wie gesagt, empfand ich das als eine Überforderung meines Gott vertrauenden Denkens. Wie sollte mein Glaube, mein Beten solche Kraft haben? Doch durch die eigene Betroffenheit des Krank-seins und durch viele Briefe von Langzeitkranken kam ich ins Nach-denken über diese Aussagen des Apostels Jakobus.

Immer wieder klang in den Briefen die Frage an: »Wo bleibt in der Gemeinde Jesu das Gebet des Glaubens, das Salben mit Öl im Namen des Herrn und das gegenseitige Bekenntnis der Sünden?« Ich habe diese Fragen mit innerer Unruhe gehört. Sie haben mich getroffen und betroffen gemacht. Ich begann, sie in meinem Herzen zu bewegen. Dabei ist mir deutlich geworden, was uns wieder neu geschenkt werden kann. Wir brauchen nicht weiter so ratlos und zugleich hilflos der Krankheit gegenüberstehen. Gott will mit seiner Hilfe nicht zurückhalten, wenn wir die richtige Haltung ihm gegen-über einnehmen.

Wie sieht diese rechte Haltung aus? Es heißt in unserem Text: »Das Gebet des Glaubens wird dem Kranken helfen, *und der Herr wird ihn aufrichten.*« Eindeutig kommt hier zum Ausdruck: Nicht wir sind es, die mit ihrem Glauben und Beten dem Kranken Heilung bringen. Der Herr richtet auf! Er ist es!

Es gab eine Zeit, da verstand ich dieses Wort so, als wäre mein Glaube, mein Gebet die Hilfe. Das hat mich unter Druck gesetzt. Wie waren die Erwartungen an mich selbst, meinen Glauben, mein Gebet hoch – und wie niederschmetternd die Enttäuschungen. Die Spannung »(Herr) ich glaube; hilf meinem Unglauben« (Mk 9, 24) konnte nicht fruchtbar werden in meinem Leben, weil ich bei dem »Herr, ich glaube« stehen blieb und nicht darauf achtete, dass mein Glaube und mein Beten nicht schon die Hilfe sind, sondern Gott allein es ist, der da hilft: ». . . und der Herr wird ihn aufrichten.« Dieser Herr will gebeten sein! Wir sollen nicht an unser Beten glauben; wir sollen unser ganzes Vertrauen auf den Herrn setzen! Das meint Jesus, wenn er zu einem Kranken sagt: »Dein Glaube hat dir geholfen« (Lk 18, 35 - 43). Er bringt damit zum Ausdruck: Nicht du hast dir selbst geholfen mit deinem Glauben, sondern dir ist geholfen worden von mir, weil du mit mir und meiner Hilfe gerechnet hast; du hast mir vertraut! Mit anderen Worten: Ich vertraue dir, dass du mir vertraust.

Der Glaube ist keine Medizin, die man anwenden könnte, wie man zu irgendeinem Mittel greift; man kann darüber nicht einfach verfügen. Glaube will im Vertrauen zum Herrn gelebt sein, dass er handelt und aufrichtet. Er will es tun, in seiner Kraft, dass sein Name groß werde unter uns. Das muss deutlich sein, um keine Missverständnisse aufkommen zu lassen.

Die Aufforderung des Apostels zum Gebet des Glaubens und dazu, die Ältesten der Gemeinde zu rufen, kann schnell missbraucht werden. Denn immer wieder ist der Mensch dazu geneigt, sich selbst zu helfen. Und wenn ein solches Begehren dann noch ein sogenanntes christliches Vorzeichen hat, muss ernstlich davor gewarnt werden, damit es nicht zu noch größerer Not als zuvor kommt, wenn man erkennen muss, dass Gott sich so nicht gebrauchen lässt.

Daher nochmals: Wer hilft, ist allein der Herr. Seine Hilfe geht von seinem für uns vergossenen Blut am Kreuz von Golgatha aus und von seiner Auferstehung von den Toten. Da geht es um die Kraft, die im Namen Jesus ist. In ihm allein ist Heil. Darum heißt es: » ... dass sie über ihm (dem Kranken) *beten in dem Namen des Herrn.*« Das heißt: Ihm traue man zu, dass er handelt, dass er eingreift, dass er aufrichtet, dass er heilt! Weil Gott denen das Beste gibt, die ihm die Wahl lassen, weil sie ihn liebhaben (Röm 8, 28).

Wo wir das im Vertrauen fassen, geschieht etwas an uns. Durch das Gebet des Glaubens sind wir offen für Gottes Handeln an uns. Wir bekommen Anteil am Leben Gottes, am ewigen Leben. Gott nimmt uns mit hinein in sein Wirken. Nicht Gott tut etwas, und wir tun auch etwas und beides zusammen hilft – nein, Gott tut alles. Er wirkt, und ich darf dabei sein; ich erfahre seine Hilfe an mir. Ich bin aufgeschlossen für Gottes Wirken, habe ein Ja dazu, dass seine Kraft mit meiner Schwachheit zusammenkommt und so Neues entsteht.

»Ist jemand krank ... « Damit wird eine zu allen Zeiten aktuelle Lebenslage angesprochen, eine Situation, die besondere Bedrängnis, Anfechtung und Prüfung des Vertrauens beinhaltet. Wie sehr Krankheit in Not bringen kann und die Sinnfrage im Gefolge hat, zeigt meine Korrespondenz mit den vielen Langzeitkranken. Schon manches Mal kam mir der Gedanke: Es wäre zum Verzagen, wenn es keinen Heiland gäbe, wenn nicht in der Solidarität mit ihm die Hilfe läge. »Fürwahr, er trug unsre Krankheit und lud auf sich unsre Schmerzen ... « (Jes 53, 4).

Wir haben einen Heiland der Kranken. Wo einer krank ist, da ist Jesus. »Die Gesunden bedürfen des Arztes nicht ... « (Lk 5, 31), sagt Jesus. Den Kranken gilt seine besondere Fürsorge und Liebe, all den Behinderten, den Gelähmten, den Blinden, den Schwermütigen, den Depressiven, den Ausgebrannten, den von Krebs Angegriffenen, den Aids-Kranken – sie alle sind wichtige Menschen in der Welt des Heilandes. Darum sollen sie auch wichtig sein in seiner Gemeinde. Er schiebt sie nicht beiseite. Wir sollen es auch nicht tun. »Ich bin krank gewesen ... « (Mt 25, 36) Es ist, als ob Jesus mit diesem Wort seine mächtige Hand ausstreckte über alle Krankenhäuser, Kliniken, Rehabilitationszentren, Psychiatrien, seelsorge-therapeutische Zentren, über die Schmerzensnächte und Leidenstage und sagt: Ich bin da! Ich liebe dich! Zwar denkt man von den Kranken in der Welt im Allgemeinen gering – was nicht leistungsfähig ist, wird als minderwertig angesehen –, aber in der Gemeinde Jesu soll eine andere Denkart herrschen. Wir sollen von Jesus lernen. Er hat sich mit den Leidenden und Kranken solidarisiert.

Warum ist das so? Im Kranksein kann man verstehen lernen, was man in gesunden Tagen so wenig versteht: Nicht nur Jesus ist mir ganz nahe, sondern ich kann ihm so nahe sein, in so enger Gemeinschaft mit ihm leben wie sonst kaum. In Krankheitstagen tut sich die Tür zur Gemeinschaft mit Jesus um so weiter auf. Es kann schon sein, dass einer krank ist und dies alles doch nicht versteht, dass sein Verhalten in Bitterkeit und Anklagen umschlägt und die Tür zur gesegneten Gemeinschaft mit Gott immer mehr zugeht. Doch wie gesagt: Es gibt auch das andere: Krankheit wird zur besonderen Segenszeit, so dass Menschen bezeugen können, oftmals allerdings rückblickend: Diese schweren Wegführungen wurden mir zum besonderen Segen. Ich habe Jesus kennen- und lieben gelernt wie zu keiner anderen Zeit meines Lebens. Mitten im Kranksein wurde mir z. B. deutlich: Was mich trägt, was mich hält, ist nicht meine Gesundheit, meine Leistung, mein Ansehen, mein Glaube, mein Gebet, sondern allein die große Liebe und Barmherzigkeit Jesu Christi, seine unverdiente, bleibende Zuwendung. Und auch das andere wurde mir klar: Es gibt geheimnisvolle Zusammenhänge zwischen krank sein, geplagt sein, Schmerzen haben, angefochten sein – und doch gesegnet sein und in Vollmacht gebraucht werden.

Diese Erfahrung nun sollen Gesunde und Kranke gemeinsam machen. Darum fordert der Apostel Jakobus auf: »Ist jemand krank, *der rufe zu sich die Ältesten der Gemeinde.«* Was am Krankenbett geschieht, im Gebet des Glaubens, beim Salben mit Öl, beim gegenseitigen Bekennen der Sünden, soll unter Kranken und Gesunden den Namen Gottes groß machen. Darum geht es ja auch in der Gemeinde der Gesunden. Für Jakobus wird die Krankheit so etwas wie die Probe aufs Exempel. Am Kranken soll deutlich werden, wovon die ganze Gemeinde, die Kranken und Gesunden, lebt. Darum wird das Krankenzimmer zum Ort der Entscheidung, wo in besonderer Weise offenbar wird, was ja auch für das Leben der Gesunden gilt: dass Sieg über die Macht des Bösen und der Sünde nur in Jesus Christus gegeben ist.

Was heißt das nun konkret: »*... der rufe zu sich«?* Das heißt: Wenn Krankheit zu schaffen macht, dann nur nicht das tun, was vielleicht naheliegend wäre, nämlich sich verkriechen mit seiner Not, seinen Schmerzen, seiner Angst, seinem Leid, seiner Ratlosigkeit. Dann nur nicht einsam für sich bleiben, nicht alles allein machen wollen – nein, dann die Ältesten der Gemeinde herbeirufen, gläubige Menschen seines Vertrauens. Nochmals: Nicht allein mit dem Schweren fertig werden wollen, nicht es in sich hineinfressen oder verbergen wollen, als solle niemand etwas davon merken. Nein, nur das nicht. Das macht nur noch kränker. »*... der rufe zu sich«,* das meint: Sprich dich aus, teile dich mit, wenn Menschen deines Vertrauens bei dir sind. Durchbrich deine Zurückhaltung, deine falsche Demut, deinen Stolz. Sage, was dich bedrückt und umtreibt: dein Leid, deine Not, deine Belastungen, deine Sünden, deine Fragen. Stelle sie. Das bringt Befreiung, lässt aufatmen. Das führt weg vom unverbindlichen, nichtssagenden Gespräch zum hilfreichen Gebet, zur helfenden Aussprache, zur entlastenden Beichte.

»*... der rufe zu sich ... dass sie über ihm beten.«* Ich will es nochmal wiederholen: Im Gebet bringe ich zum Ausdruck: »Nichts hab' ich zu bringen; alles, Herr, bist du!« Von dir erwarte ich die Hilfe!

Darauf weist auch das andere hin: »... *und ihn salben mit Öl in dem Namen des Herrn.*« Öl ist seit biblischen Zeiten nicht nur Heil- und Schmerzmittel, sondern auch Symbol für die Zuwendung Gottes, für das Wirken des Heiligen Geistes, für das Hineinge- nommensein in das Kraftfeld der Segenswirkungen Gottes. Die Wei- sung, den Kranken damit zu salben, will wohl auch ganz einfach bedeuten: Lass doch auch die Medizin nicht unangewandt. Das Gebet des Glaubens ist nicht da, den Arzt zu ersetzen. Freilich, auch das andere muss gesagt werden, dass nicht nur Medizin gebraucht werden soll. Heilung kommt immer von Gott, aber Heilung ist hier umfassend gemeint im Sinn von heil werden, auch wenn sich Gott dabei des Arztes und der Medizin bedient. Gesundheit ist mehr als die Abwesenheit von Krankheit. Sie ist eine heile Beziehung zu Gott.

Darum die Aufforderung des Apostels Jakobus: »*Bekennet also einander eure Sünden und betet füreinander, dass ihr gesund werdet.*« Krankheit ist ein Zustand, in dem uns besonders deutlich wird, dass wir von der Macht der Sünde gezeichnet sind. Das heisst aber nicht, dass jede Krankheit auf eine bestimmte Sünde hinweist. So zu den- ken, hat uns Jesus verwehrt (Joh 9). Aber dass ein Zusammenhang besteht zwischen Krankheit und Sünde, das ist für jeden, der intensiv seine Bibel liest, deutlich. Darum der Hinweis, dass über der Selbst- besinnung in der Krankheit die Möglichkeit besteht, zu erkennen und zu bekennen, also auch voreinander auszusprechen: Ja, es ist etwas in meinem Leben vor Gott und Menschen nicht in Ordnung. Wenn das so ist, muss das ausgesprochen werden. Darin liegt dann der Segen aller Anfechtung, aller Krankheit, aller Schmerzen, dass sich damit die Tür weit auftut in die heilsame Gemeinschaft mit Gott. Hier bekommen wir konkrete geistliche Lebenshilfe, der Qual der Schuld, den Belastungen und Verirrungen des Lebens, den Komple- xen, Verdrängungen, Neurosen, Psychosen richtig zu begegnen. Es wird uns die Basis gegeben, Konflikte des Lebens zu bewältigen und auch mit Spannungen, in die wir oft in dieser Welt hinein gestellt sind, richtig umzugehen und sie auch aushalten zu lernen, damit sie fruchtbar werden. Uns wird das Angebot gemacht durch Gottes Wort und Geist, innere Heilung zu erfahren, wo er will, auch körperlich heil zu werden, ja überhaupt heil zu werden im umfassenden Sinn einer heilen Beziehung zu Gott.

Das Einzigartige dabei ist: Wir sind berufen, uns als Kinder Gottes dabei zu helfen im Miteinander- und Füreinander-Beten, im Salben mit Öl, im gegenseitigen Bekennen von Schuld und im Einander-Zusprechen der Vergebung. Denn wir haben Jesu Zusage: »Wo zwei oder drei versammelt sind in meinem Namen, da bin ich mitten unter ihnen« (Mt 18, 20), und zwar als der Vergebende.

Martin Luthers Rat zur Krankenheilung (1545)

Dem würdigen Ern. Schulzen, Pfarrern zu Belgern, meinem günstigen, guten Freund. Gnade und Friede im Herrn und Jesus Christus! Ehrwürdiger Herr Pastor! Es hat mir der Schösser zu Torgau und der Rath zu Belgern zugeschrieben und vor die Frau Hans Kornerin gebeten, ihr guten Rath und Trost zu geben, damit ihrem Manne möchte geholfen werden. Nun weiß ich warlich keinen weltlichen Trost, und wo die Ärzte nicht Hülffe wissen, so ist es gewiss nicht eine schlechte Melancholie (gewöhnliche Melancholie), sondern vielmehr ein versuchlicher Angriff des Teufels, dem man durch Gebete des Glaubens in der Kraft Christi begegnen muß. So machen wir es und pflegen es so zu machen. Es war nämlich hier ein Schmuckkästchenmacher so (wie Herr Korner) vom Wahn ergriffen. Den haben wir durch das Gebet in Christus geheilt. Darum mach es bitte folgendermaßen: Gehe hin zu ihm mit dem Hilfsprediger und zwei oder drei guten Männern – du in der gewissen Zuversicht als Inhaber des öffentlichen geistlichen Amtes und als Ortspastor –, lege ihm die Hände auf und sprich: »Friede sei mit dir, lieber Bruder, von Gott, unserem Vater, und vom Herrn Jesus Christus!« Danach bete mit vernehmlicher Stimme über ihm das Glaubensbekenntnis und das Vaterunser. Zum Abschluß sage dann: »Gott, allmächtiger Vater, der du zu uns gesagt hast durch deinen Sohn: ›Wahrlich, wahrlich, ich sage euch: wenn ihr den Vater um etwas in meinem Namen bittet, so gibt er es euch‹ – und ein ander Mal durch ihn uns geheißen und genötigt hast zu beten: ›Betet und empfangt‹, ebenso Psalm 50, 15:

›Rufe mich an am Tage der Trübsal, und ich reiße dich heraus, und du verherrlichst mich‹ –, darum beten wir unwürdigen Sünder auf das Wort und den Befehl deines Sohnes zu deiner Barmherzigkeit mit aller Kraft unseres Glaubens: würdige diesen Menschen, daß du ihn von allem Übel befreist und das Werk Satans in ihm zerstörst zur Ehre deines Namens und zum Wachstum des Glaubens und der Heiligen durch denselben unseren Herrn Jesus Christus, deinen Sohn, der mit dir lebt und regiert von Ewigkeit zu Ewigkeit. Amen.« Dann geht weg, lege ihm die Hände auf und sage noch einmal: »Die Zeichen, die denen, die da glauben, folgen, sind diese: auf die Kranken legen sie die Hände, und es geht ihnen gut.« Dieses wiederhole bis zu dreimal täglich. Außerdem bete im Gemeindegottesdienst von der Kanzel, bis Gott erhört. Wir vereinigen uns ganz und gar in Fürbitte und Gebet mit aller unserer Glaubenskraft unaufhörlich in Gott. Leb wohl! Einen anderen Rat habe ich nicht, der ich bin – usw. 1545.

An einem Beispiel will ich deutlich machen, wie das im praktischen Leben aussehen kann: Eine Frau lässt an ihr Krankenbett rufen. Sie bittet um den biblischen Dienst nach Jakobus 5. Es kommt zur Aussprache, auch zum gegenseitigen Bekennen. Im Lauf der Jahre hat sich in diesem Haus, in dem mehrere Generationen zusammen leben, viel unvergebene Schuld angesammelt. Bitterkeit ist im Herzen eingekehrt. Das tägliche Miteinander hat mit der Zeit viele innere Verletzungen entstehen lassen. Sie sind auch im Körperlichen nicht ohne Auswirkungen geblieben. Die Not der Seele zeigt sich in Kopfschmerzen, Kraftlosigkeit, Depressionen, was auch eine Müdigkeit im Glauben nach sich zieht. Es ist keine rechte Freude mehr da. Sie ist sich und anderen zur Last geworden, diese Frau. Unter Tränen kommt diese angestaute Not heraus. Aber es ist so schwer, denen zu vergeben, die ihr so viel Unrecht zugefügt haben, immer nur gefordert haben, nie ein Wort des Dankes und des Lobes aussprachen, kaum mit anpackten ... Zuerst wird nur die Schuld bei den anderen gesehen. Doch im Lauf des Gesprächs wird auch eigene Schuld erkannt, eigenes falsches Verhalten. Gottes Geist schenkt Einsicht.

Wir dachten über Jesus nach. Über das, was ihm zugefügt wurde. Über sein Reagieren. Über das, was er dazu sagte. Über die Beispiele der Bibel, wo Menschen sich an seine Worte gehalten haben und erfuhren: Schuld erkennen, Schuld bekennen, Vergebung annehmen und austeilen macht Beziehungen heil!

Uns wurde klar: Wo wir die Sünde, gleich welchen Namen sie hat, in uns verschließen, sie nicht bekennen, entsteht Krampf, wird unser Leben krank. Jesus will das aber nicht. Er will unser abgekapseltes Leben öffnen und das Wunde in uns heil machen. Wo es zum Bekenntnis der Sünde kommt, löst sich der Krampf. Die Angst im Herzen weicht. Man wird frei und kann aufatmen. Entlastung, Entschuldung hat stattgefunden. Die Ichbezogenheit, und die steckt ja sehr oft in der Bitterkeit, ist nicht dadurch überwunden, dass man das Ich wegwirft, depressiv wird, aber auch nicht dadurch, dass man seine Wut aggressiv gegen sich selbst oder andere auslebt, sondern nur dadurch, dass man vergibt aufgrund dessen, dass man selbst von Jesus vergeben bekommen hat.

Prüfen Sie einmal diese Zusammenhänge in Ihrem eigenen Leben, und haben Sie dann Mut, wenn Sie Betroffenheit feststellen, dieses Gefängnis des »Ich-mit-mir-allein« durch das Bekenntnis Ihrer Sünden durch Gottes Wort und Geist aufbrechen zu lassen, sonst verkümmert Ihr Leben, auch Ihr geistliches Leben, in dieser vermauerten Ich-Welt. Gott will aber Ihre Heilung, Ihr Heilwerden!

Vielleicht ist es ein Mensch, den Sie scheuen und fürchten, den Sie nicht verstehen und mögen, gegenüber dem Sie sich verriegelt haben. Beginnen Sie zunächst, sich diesem Menschen gegenüber zu öffnen. Sie können das nicht?! Das ist wahr! Aber Sie sind jetzt nicht mehr allein. Das Angebot gilt: »Bekennet also einander eure Sünden und betet füreinander, dass ihr gesund werdet.« Gott stellt Ihnen in seiner Barmherzigkeit den Bruder, die Schwester im Glauben zur Seite. Gemeinsam dürfen Sie beten und gemeinsam die Erfahrung machen: Was Gott zusagt, das hält er gewiss; was er verspricht, dazu steht er! Wo das persönlich für sich in Anspruch genommen wird, werden bisher gebundene Kräfte frei, beginnt ein Heilungsprozess. Unsere Sünden werden uns vergeben sein. Der Herr wird aufrichten!

In diesem Aufrichten sehe ich verschiedene Möglichkeiten:
– Heilung der Krankheit. Gott schenkt Gesundung.
– Besserung der Krankheit. In dem Maße, wie man lernt, Gottes

Wort und Geist gehorsam zu werden, schenkt Gott Genesungs-kräfte.
- Stillstand der Krankheit. Auch das liegt in Gottes Ermessen.
- Leben mit der Krankheit. »Lass dir an meiner Gnade genügen, denn meine Kraft kommt in deiner Schwachheit zur Vollendung.«
- Gesegnetwerden zum Sterben.

Ich wage nicht zu sagen, dass eine dieser fünf Möglichkeiten der Hilfe Gottes besser wäre als die andere. Was Gott dem Einzelnen darreicht, ist immer gut, weil es von ihm kommt. Gott gibt denen das Beste, die ihm die Wahl lassen (Röm 8, 28). »Die Krankheit ist ein Kloster mit seinen Ordensregeln, seiner Askese, seinem Schweigen und seinen Erleuchtungen« (Albert Camus).

So lernen wir im Freimut des Glaubens, Gott bestimmt um Hilfe anzurufen, dabei aber die Art und Weise der Hilfe in kindlicher Ergebenheit ihm zu überlassen. Diese Hilfe in ihrer Verschiedenheit steht immer unter dem einen Vorzeichen: ». . . und der Herr wird ihn aufrichten.«

Möchte doch die Gemeinde Jesu sich hierin mehr Licht schenken lassen und Jesus Christus als Heiland auch in dieser Wahrheit ehren. Wir brauchen nicht unnüchtern zu werden, um Hilfe zu erlangen. Wir brauchen aber auch die Bibel nicht als unverständlich beiseite zu tun. Wir haben einen Gott, der da hilft!

Wir erwarten nicht Wunder um der Wunder willen, sondern dass der Name Gottes gepriesen werde. Das ist die einzig richtige Einstellung beim Gebet des Glaubens.

Gott bereitet sich Lobpreis bei denen, die ein Leben lang auf dem Krankenlager liegen, bei denen, die in Begrenzungen zu leben haben und bei denen, die er aufstehen lässt in Gesundheit und neuer Kraft. Darum sollte die Hauptsache die Hauptsache bleiben: die Ehre, der Preis, die Verherrlichung und Anbetung des Namens Gottes, in dem allein nur Heil ist!

Kassette:
»Heil werden«, Bestell-Nr. 11109 beim ERF-Verlag, Wetzlar

Beispiel

Es war dunkel geworden in meinem Leben. Was mich bis dahin beglückt hatte, war nur noch ein grauer Schatten. Dinge, die ich spielend gemeistert hatte, wurden zur Last. Alles erschien ohne Sinn. Die körperlichen Kräfte ließen nach, tiefe Unsicherheit nahm alle Lebensantriebe, Freude war nur noch ein Wort. Die Tage verliefen in qualvollen Engpässen. Da war keine Hoffnung mehr auf normales Leben.

Ich war gerade erst 30 Jahre alt. Meine berufliche Karriere war gemachte Sache. Man brauchte mich, schätzte meinen Rat. Meine beiden Buben entwickelten sich zur üblichen Freude der Eltern; meine Frau war treu und fürsorgend. Es gab keine Probleme. Oder?

In dieser Phase des totalen körperlichen und psychischen Zusammenbruchs erwartete ich keine Hilfe mehr. Oder sollte sie von Gott kommen, den ich im Lauf der Jahre immer mehr zur bloßen christlichen Etikettierung unsres Hauses gemacht hatte?

Seelsorge setzte rascher ein, als ich dachte.

1. In der ersten – wohl der schwersten – Phase der Krankheit, trösteten mich Freunde mit Hinweisen, die ich nie von ihnen erwartet hätte: Ich kenne das auch ... Vor einigen Jahren war es bei mir ähnlich ... Auch in meinem Leben wird es manchmal dunkel ... Das holte aus der Isolation, die ja in den meisten Fällen einer Depression – vor allem bei Christen – als ein Verstoßensein von Gott empfunden wird.

2. Wie tröstlich waren die Hinweise auf Personen der Bibel, die ähnliches erlebt hatten. Dass dies überhaupt in der Bibel stand!? Ich dachte, sie doch so gut zu kennen. Besonders beeindruckte mich Jeremia. »Er hat meiner Seele den Frieden entrissen, so dass ich vergaß, was Glück ist, und ausrief: Mein Glanz ist dahin ...« Man muss Depressiven das vorlesen! Gerade weil die Klagelieder Jeremias (vor allem Kapitel 3) so düster sind, geben sie die Möglichkeit zur Identifikation. Dann David (Psalm 22), Elia, Jona ...!

3. Es klingt nur vermessen, wenn ich schließlich beschreiben kann, wie unbeschreiblich groß mir das Geschehen von Gethsemane geworden ist. Dieser Jesus hat sich herabgelassen auf diese tiefste

Stufe des menschlichen Daseins – mitten hinein in meine Seelennacht. Und über das Erfassen von Gethsemane hat mich die Seelsorge wieder auf Golgatha gebracht.

4. Nie haben meine Freunde mit mir von Schuld geredet, wiewohl ich selbst wusste, dass Schuld in meinem Leben nicht unschuldig an meinem Ergehen war. Das muss nicht für alle Formen der Depression zutreffen, aber viele Gespräche mit Kranken während eines langen Krankenhausaufenthaltes haben mir in dieser Zeit bestätigt, dass gerade eine tiefe Gemütsverstimmung das Nadelöhr zu einem neuen Leben mit Jesus sein kann. Als ich begriffen hatte, dass keiner jener geplagten Männer der Bibel grundlos gelitten hatte, wusste ich, dass mich »Gottes Güte zur Buße leiten wollte« (Röm 2,4) Auch diese Phase der Seelsorge war initiiert – und heute bin ich so dankbar für die Hilfe.

5. Das neue Erleben von Golgatha und das Auseinandersetzen mit alten, dicken Schuldpaketen führte in der Seelsorge dann zu Gesprächen, die zu einer erneuten Lebensübergabe an Christus führten. In mein Leben kamen neue Ordnungen, die sich in meine Umgebung hinein auswirkten. Und dennoch waren die Symptome der Erkrankung auch nach Monaten nicht besser geworden. Das muss ich offen sagen. Aber in mein Leben war Hoffnung gekommen: Ewigkeitstrost!

6. Weil so viel Zweifel in meinem Leben war und Depressionen auch die Funken neu gewonnener Glaubenshoffnung zerstören können, riet mir ein Freund in der Seelsorge zu einem Vorgang, den ich heute manchmal belächle, der mir aber selbst jetzt nach etwa zehn Jahren noch hilfreich ist. Mit dem Datum vom 26.11.1968 liegt in meiner Bibel ein »Manifest wider die listigen Anläufe des Teufels«. Ich habe es in lutherischer Manier geschrieben; dabei wiederholt sich immer: »Es steht geschrieben« »Ich habe das für mich in Anspruch genommen«, »Das gilt«. Letzter Satz: »Der Teufel hat keine Macht mehr an mir!« Ein Seelsorger hat dieses Manifest gegengezeichnet. Es war mir damals so ungeheuer wichtig, Zeugen, Partner, Stellvertreter zu haben. Wenn ich jammerte: »Ich kann nicht glauben!« (Das ist typisch bei Depressionen!), lautete die Antwort: »Das macht doch nichts! Wir glauben für dich!« Eine großartige Sorge für die Seele!

7. Es kam die Zeit, in der ich wieder danken konnte. Ein Kriegsblinder erzählte mir, wie er nach seiner Operation dem Herrn für sein verlorenes Augenlicht gedankt habe, weil der Herr doch den besten Überblick habe und schließlich denen, die Gott lieben, alle Dinge zum Besten dienen müssten. So kniete ich eines Tages mitten in einer Wolke von Depressionen nieder und dankte Gott für dieses Leiden.

Hier lag der Schlüssel zur Genesung. Wie ein Sonnenstrahl kam Wärme und Hoffnung in mein Herz. Das klingt pathetisch; aber es war so.

8. Nachdem ich dann wiederholt auf Jakobus 5 gestoßen war, wollte ich's wissen. Das war Seelsorge, die mir der Herr direkt gewährte. Ich bestellte die dienenden Brüder einer Gemeinde, der ich mich im Zuge der allgemeinen Lebenserneuerung angeschlossen hatte, zu mir ins Krankenhaus. Gott steht zu seinem Wort. Ich erlebte – trotz der für die Krankheit typischen Schwankungen – eine anhaltende Besserung. Sie dauert an bis zum heutigen Tag. Allerdings habe ich den Dienst der Ältesten mehrmals in Anspruch genommen.

Heute ist mein Leben nicht frei von Depressionen. Die Erfahrungen, die ich in der Seelsorge gemacht habe, geben aber immer wieder neue Lebensimpulse. Ich habe genug Freude und Antrieb meinen Beruf zu versehen, meiner Familie vorzustehen und auch das, was ich in den Stunden der Verzweiflung gelernt habe von der göttlichen Liebe an andere weiter zu geben.

Vom Fasten und Verzichten

Fasten aus medizinischen Gründen ist eine ärztlich anerkannte Heilmethode. Man spricht von der Operation ohne Messer. Fasten um einer besseren Kondition willen findet heute ebenfalls allgemein Verständnis. »Ein voller Bauch studiert nicht gern«, sagt man. Fasten aus Gründen des Glaubens als Einübung in die Freiheit des Verzichten-Könnens zu sieghaftem Leben, zu neuen Erfahrungen mit Gott, sich selbst und der Welt wird dagegen heute weitgehend von der Gemeinde Jesu nicht gesehen.

Fasten im Alten Testament

Wir finden es
- als Ausdruck der Buße, des Umdenkens (1. Sam 7, 6; Neh 9, 1; 1. Kön 21, 27; 5. Mose 9, 18). Der Neudenkende dokumentiert damit seine Reue vor Gott.
- als Totentrauer (1. Sam 31, 13; 1. Chr 10, 12). Das Volk Israel trägt Leid um den Tod Sauls und seiner drei Söhne.
- als Vorbereitung intensiver Gemeinschaft mit Gott (2. Mose 34, 28; 24, 12-18; 5. Mose 9, 9; 1. Kön 19, 8). Als Mose von Gott die Zehn Gebote empfing, fastete er 40 Tage und Nächte.
- als Ausdruck des Schmerzes (1. Sam 1, 7). Hanna fastete in Silo aus Schmerz darüber, dass sie kinderlos war.
- als Hilfe, den Willen Gottes zu erkennen (Dan 9, 2 f.; 10, 2-3.12). Daniel fastete zum Empfang einer Offenbarung und zur Unterstützung einer Bitte.
- als Unterstützung des Gebetes in Notzeiten (2. Chr 20, 3-4). Joschafat und das Volk suchten das Angesicht Gottes.
- als Bereicherung beim Feiern bestimmter Feste (Sach 8, 19). Die

Freude der Gemeinschaft mit Gott wurde vertieft und die Zubereitung zum Dienst intensiviert.

Fasten im Neuen Testament

Wir finden es

- als Waffe gegen die Macht Satans (Mt 17, 21; 4, 2 ff.). Der Glaube, das Gottvertrauen erfährt darin Stärkung.
- als Hilfe zur Vollmacht (Mk 9, 29; 2, 18-20). Gottes Kraft wird sichtbar.
- als Zeichen der Demut (Lk 2, 37). Die Beziehung zu Gott wird vertieft.
- als Weg zur Heiligung (1. Kor 9, 24-27). Die Gemeinschaft mit Gott wird gereinigt.
- als Rücksicht auf Schwache (Röm 14, 21). Das Miteinander der Gläubigen erfährt Entlastung.
- als Zurüstung zum Dienst (Apg 13, 2 ff.; 14, 23; 2. Kor 6, 5; 11, 27). Man wird seiner Berufung gewiss.
- als Kraft zur Bewährung (Mt 4, 1 ff.). Die Anfechtung wird überwunden.
- als Zeit der Stille und des Gebetes (1. Kor 7, 5). Das Gottvertrauen erfährt Reifung.

Fasten im Zeugnis der Väter

Von *John Wesley* wird berichtet, dass er eine Zeit lang trockenes Brot gegessen hat, weil er in dieser Zeit besonders mit der Seelsorge an Besessenen zu tun hatte. Er schreibt: »Zuerst lass es geschehen um des Herrn willen, indem du deine Augen fest auf ihn richtest. Lass dies unsere Zielrichtung sein. Alles um unseren Herrn zu verherrlichen, unseren Vater, der im Himmel ist ... «

William Bramwell, einer der ersten Methodisten-Prediger, schreibt an einen Freund in Liverpool: »Der Grund, warum die Christen im Allgemeinen nicht in der Erlösung stehen, ist der, dass sie zu viel schlafen, essen und trinken, zu wenig fasten und sich selbst verleugnen, zu viel Konversation mit der Welt haben, zu viel predigen und hören, aber zu wenig Zeit zur Selbstprüfung und zum Gebet haben.«

Johann Christoph Blumhardt schreibt: »Insofern das Fasten vor Gott geschieht, ist es ein praktischer Beweis, dass das Anliegen, um das wir beten, für uns ernst und dringend ist. Und so stärkt es die Intensität und die Kraft des Gebets und wird ein unaufhörlicher praktischer Ausdruck des Gebets ohne Worte. Ich habe es erprobt, ohne jemandem etwas zu sagen, und ich kann nur feststellen, dass ich sie auch beeinflusste, ohne bei ihnen zu sein.«

Martin Luther: »Dass mir nur niemand Fasten, Wachen und Arbeiten verachte. Selig wirst du dadurch nicht, aber doch sollst du es üben und nicht dem Fleisch den Zaum lassen.«

Dietrich Bonhoeffer: »Solche Übungen haben den einzigen Zweck, den Nachfolgenden für den ihm befohlenen Weg und für das ihm befohlene Werk bereiter und freudiger zu machen. Der selbstische und träge Wille, der sich nicht zum Dienst treiben lässt, wird gezüchtigt, das Fleisch wird gedemütigt und gestraft. Ein Leben, das ganz ohne asketische Übung bleibt, das sich die Wünsche des Fleisches gönnt, solange sie nach der bürgerlichen Gerechtigkeit ›erlaubt‹ sind, wird sich für den Dienst Christi schwer bereiten.«

Rudolf Bohren: »Das alles gilt nicht nur für unser Tun, es gilt ebenso im Blick auf unser Wort. In einer Zeit pausenlosen Redens ist es geboten, immer wieder die Notwendigkeit des ›Wort-Fastens‹ zu betonen. Wer nicht mit seinen Worten fasten lernt, fördert nicht nur den Verschleiß der Sprache, er verzettelt auch sein Wesen. Es ist eine alte Erfahrung: ›Wer weniger redet, hat mehr zu sagen!‹«

Manfred Seitz: »Ein Mensch, der verzichten kann, ist eine Wohltat für seine Umgebung. Er ist weder ein Spielball seiner Triebe noch seiner Gefühle. Er ist ein zuchtvoller Mensch, zu dem man Vertrauen haben kann. So stehen Gottesliebe, Mitmenschlichkeit und Verzicht in einem tiefen Zusammenhang untereinander.«

Aber auch zum Thema Fasten müssen wir einige Worte der Kritik äußern

Fasten und Verzichten sind kein verdienstliches Werk. Gotteskindschaft und Heilsgewissheit können nie dadurch erworben werden. Fasten ist keine Leistung vor Gott, so dass ich ihn dadurch zu etwas zwingen oder etwas von ihm ertrotzen könnte. Auch fastet niemand in der Bibel, um andere Menschen zu zwingen (Jes 58,1-5; Jer 14,12; Mt 6,16-18; 9,14-17; 1. Kön 21; Lk 18,12)!

Kritisch äußert sich die Bibel zum Fasten dort, wo es missbraucht wird. So lesen wir z. B. in Jesaja 58, wie die Juden Gott fragen: »Warum fasten wir, und du siehst es nicht an?« Und der Herr antwortet durch den Propheten: »Siehe, wenn ihr fastet, hadert und zankt ihr und schlagt mit gottloser Faust drein. Ihr sollt nicht so fasten, wie ihr jetzt tut, wenn eure Stimme in der Höhe gehört werden soll« (Jes 58,3-4).

In der Bergpredigt kritisiert Jesus die Heuchler, die beim Fasten sauer dreinsehen, um sich vor den Leuten mit ihrem Fasten zu zeigen (Mt 6,16). Unmittelbar darauf folgt sowohl bei Jesaja wie auch in der Bergpredigt eine klare Anweisung, wie richtiges Fasten aussehen soll:

- Nicht liturgische Regeln und Ordnungen machen Fasten und Gottesdienst für Gott annehmbar, sondern ausschließlich ethische Verhaltensweisen. Ob ein Gottesdienst Gott gefällt, hängt vom Verhalten des Beters zu seinen Mitmenschen ab: Gib dein Brot, führe in dein Haus, zieh ihm deine Kleider an (Jes 58,6.7.9b.10).
- Fasten, Verzichten bedeutet Mitmenschlichkeit. Wer sich um seinen Nächsten kümmert, so dass er Zeit, Kraft, Geld, Liebe, Interesse für die Notleidenden investiert, der fastet Gott wohlgefällig. Jesus hat das unmissverständlich so gesagt: »Was ihr getan habt einem von diesen meinen geringsten Brüdern, das habt ihr mir getan« (Mt 25,40).

Fasten bedeutet also mehr als »Essensverzicht«. Fasten ist eine besondere Segenszeit der Sensibilisierung für Menschen
- als besondere Zeit des intensiven Mit-leidens,
- als besondere Zeit des intensiven Mit-teilens,

– als besondere Zeit, in der Zeichen des Anteil-gebens und Anteil-nehmens gesetzt werden.

Nachdem wir festgestellt haben, dass Fasten und Verzichten mit »Gottesdienst« zu tun haben, nun Anmerkungen, wie es konkret aussehen kann. Landläufig verwechselt man leicht Fasten mit Hungern. Diese beiden Begriffe bilden aber geradezu ein Gegensatzpaar, denn Hunger ist etwas Aufgezwungenes, Fasten geschieht völlig freiwillig. Beim Hungern geht es speziell um mangelnde oder nicht vorhandene Nahrungsaufnahme; Fasten hat mit einem enger oder weiter gespannten allgemeinen Verzicht zu tun. Hunger ist eine Qual, Fasten – recht geübt – eine Freude und Erquickung. Hunger erscheint sinnlos, wenn ich aber faste, verfolge ich bestimmte Ziele.

Man unterscheidet verschiedene Formen des Fastens

– Völlige Enthaltsamkeit von Essen und Trinken, doch nicht über drei Tage hinaus (Ri 20, 26; 1. Sam 7, 6; Est 4, 16; Jer 36, 6; Apg 9, 9).
– Enthaltsamkeit von fester Speise. Trinken von Flüssigkeit ist erlaubt (2. Sam 12, 16 - 21; Mt 4, 2; Lk 4, 2).
– Reduziertes Essen und Trinken über längere Zeit (Dan 10, 3.12; Lk 2, 37).
– Enthaltsamkeit von vier bzw. sieben Tagen (1. Sam 31, 13; Apg 10, 30).
– Ein alter Brauch, der sich heute erneuert, ist das Freitagsfasten. Es beginnt am Donnerstagabend mit dem Leidensweg Jesu bis nach seiner Todesstunde am Freitag. Die strengste Form dieses Fastens besteht darin, in dieser Zeit nur Kräutertee zu trinken und erst am Freitagabend wieder zu essen. Wichtig und hilfreich ist, dass dieses Fasten mit Gebet geschieht.

Manche Christen führen das Fasten hin und wieder für sich zu Hause durch. Das kann man ganz gewiss. Die Erfahrung zeigt allerdings, dass es in Gemeinschaft mit anderen besser geht und mehr Freude bereitet. In jedem Fall sind einige *wichtige Regeln so oder so zu beachten:*

- Es sollte mit dem Hausarzt abgeklärt sein, ob irgendwelche Bedenken gegen das kurzfristige Fasten oder eine Fastenkur bestehen. Grundsätzlich ist Fasten eigentlich für keinen gefährlich. Lediglich bei Erkrankungen der Schilddrüse, akuten Kreislaufstörungen und für nervlich labile Personen oder bei Diabetes ist Vorsicht geboten.

- Zur Vorbereitung und zum Eintritt ins Fasten gehört inneres und äußeres Zur-Ruhe-Kommen. Man sollte schon einige Tage vorher damit beginnen. Hektik und Stress sind der Fastenvorbereitung sehr abträglich. Ebenfalls ein paar Tage vorher sollte man Nikotin-, Alkohol- und Koffeingenuss absetzen und bei den Mahlzeiten allmählich etwas weniger essen. Am Tag vor dem Fastenbeginn empfiehlt sich ein Obsttag. Zitrusfrüchte und Äpfel eignen sich besonders.

- Wichtig ist, zu einer gründlichen Entschlackung zu kommen: Magen und Darm müssen vollständig entleert sein. Sonst gibt es beim Fasten Beschwerden. Schwindelgefühl und Kopfschmerzen rühren in der Regel daher, dass im Verdauungstrakt verbliebene Reste vom Körper als Giftstoffe aufgesogen werden. Darum sollte man darauf achten, durch ein pflanzliches oder mineralisches Abführmittel eine möglichst reizlose Entleerung des gesamten Magen-Darm-Traktes zu erzielen. Jeder wird da mit der Zeit das für seinen Körper zuträglichste Mittel herausfinden. Der eine bevorzugt Glaubersalz, der andere Rhizinusöl. Entscheidend ist der Erfolg. Ist der Darm erst einmal leer, melden sich kaum noch Hungergefühle; es stellt sich ein ausgesprochenes Wohlbefinden ein.

- Beim Fasten sollte man ausreichend trinken und schlafen. Morgens und abends kann man Tee oder Malzkaffee, mittags Frucht- oder Gemüsesaft trinken. Natürlich ist auch Mineralwasser möglich. Den Anblick, Duft, ja auch die Vorstellung von Speisen sollte man um seiner selbst willen meiden.

- Da die Haut in dieser Zeit stärker als sonst ausdünstet, empfiehlt sich in dieser Zeit häufiges Duschen und gründliche Körperhygiene. Auch mit einem Mundspray oder etwas den Atem Erfrischendem zum Lutschen sollte man sich versehen. Dem natürlichen Bewegungsimpuls gibt man durch Spaziergänge an der frischen Luft Raum.

– Wie zur Vorbereitung ist auch zum sogenannten Fastenbrechen einiges zu beachten. Man tut gut, mit leichten Speisen und geringen Mengen zu beginnen. Der Magen ist während des Fastens geschrumpft und dehnt sich nur langsam wieder auf seine normale Größe aus. Als Faustregel gilt: Soviel Fastentage, so viele Tage der Rückgewöhnung an die übliche Kost, beginnend mit einem Apfel, leichter Hafersuppe ohne Fett und bei der dritten Mahlzeit dann Kartoffelbrei mit Apfelmus.

Geistliche Schwerpunkte

Neben diesen Äußerlichkeiten aber kommt es vor allem darauf an, dass man sich sehr viel Zeit nimmt für die geistlichen Schwerpunkte:

– *Das Stillewerden vor Gott.* Totale Schweigezeiten tun gut; alles unnötige Reden einstellen ist hilfreich zur Sammlung vor Gott. Möglichst keine Telefongespräche, keine Post, keinen Besuch, kein Radio, keine Zeitung.

– *Die Bibel.* Zur inneren Klausur gehört, dass während der Zeit des Fastens und Verzichtens außer der Bibel und dem Gesangbuch keine andere Literatur zur Verfügung steht. Man sollte biblische Texte Wort für Wort lesen, bewusst dabei verweilen, sie im Herzen und Gott vertrauenden Denken bewegen, für spontane Inspirationen offen sein, so dass auch neue Einsichten und Gedanken einen bereichern können. Es empfiehlt sich, einen fortlaufenden Text zu betrachten und gewonnene neue Einsichten in einem Notizbuch zu notieren.

– *Das Gebet.* Das Stillewerden vor Gott ist die Hilfe zum Horchen auf seine Stimme in seinem Wort und zum Gebet. Dazu gehört vor allem die Anbetung Gottes, das Lob seines Namens, das Nachsinnen über sein Wesen, seine Eigenschaften, der Dank für seine Wohltaten, die Bitte um Vergebung, das Umdenken und die erneute Hingabe an Gott, die Bitte und Fürbitte für Menschen, die mir lieb sind und solche, die mir eine Last sind, für Gemeinden,

Missionswerke und Kirchen, für die Welt, die Regierenden, die Schöpfung und unsere Verantwortung ihr gegenüber.

- *Seelsorge.* In dieser Stille vor Gott kann unter der Einwirkung des Heiligen Geistes Klarheit entstehen, dass ich Seelsorge an der eigenen Seele in Anspruch nehmen sollte. Dieser Erkenntnis sollte man sich nicht versperren. Ihr nachzukommen ist heilsam. Rückblick auf das eigene Leben im Licht Gottes kann Entwicklungen, Fehleinstellungen, Schuld und Versagen, die geistliches Wachstum blockieren, deutlich machen.
- In *Beichte und Vergebung* kann innere Heilung ihren Anfang nehmen.

Das Fasten schafft eine Distanz zu früheren Gewohnheiten, die jetzt nicht wieder aufgenommen werden müssen. Es können heilige neue Gewohnheiten eingeübt werden. Es ist wunderbar, wie gerade unter dem Verzicht von Nahrung und jeglicher Ablenkung die Unmittelbarkeit im Verhältnis zu unserem himmlischen Vater zunimmt und das Wort Gottes ganz neu anfängt, uns zur Speise zu werden!

Fasten und Verzichten können Hilfen zu einem Lebensstil sein, der Gott gefällt

Fasten ist kein Allheilmittel für geistliche Nöte. Durch das Fasten hat man nicht etwas Machbares in der Hand, mit dem alle Probleme des geistlichen Lebens gelöst werden können. Es ist keine Methode, um besser, heiliger zu werden. Wer so denkt – Verdienstgedanke –, dessen Motive sind falsch. Es ist auch keine biblische Wahrheit, um die man kämpfen sollte. Man sollte es praktizieren, weil es uns in Gottes Wort angeboten ist!

Fasten kann in der richtigen Anwendung im geistlichen Lebensbereich verschlossene Türen öffnen, neue Horizonte zeigen und zu einer geistlichen Waffe werden, mit der der Feind Gottes, der Teufel, in die Flucht geschlagen wird. Es ist auch eine Gelegenheit, unheilige Gewohnheiten abzubauen und heilige Gewohnheiten einzuüben. Konkret:

1. Fasten um Gottes willen

Nicht selten wird bei geistlichem Verhalten nach dem Effekt gefragt. »Was habe ich davon, wenn ich ... ? Was kommt dabei heraus? Mehr Vollmacht, mehr geistliche Gaben, mehr Heilungen, mehr Führungen, mehr Gebetserhörungen ... ?« Alle diese Erfahrungen sind sicher wertvoll, können aber leider zur falschen Motivation werden, wenn es dabei nicht in erster Linie um Gott selbst geht. Im Fasten reinigen wir Geist, Seele und Leib, um in unseren Gebeten, besonders in der Anbetung, völlig frei zu sein von allen irdisch belastenden Einflüssen, um Gott näherzukommen, ihm mehr Raum in unserem Leben zu geben (Lk 2,37; 18,11-12; Apg 13,2).

2. Fasten um tieferer Sündenerkenntnis willen

Es ist eine tiefe Wechselwirkung zwischen Fasten, Sündenerkenntnis, Reue und Dankbarkeit über das unendliche Erbarmen Gottes. Jesus kann ja nur Sünder berufen und Kranken Arznei bieten. Wir müssen das Sündigsein im Kern all unserer Regungen erkennen.

Im Fasten fallen die Masken, hinter denen wir uns so oft vor uns selbst verbergen. Unsere Begierde und unser Eigenwille können uns nicht mehr in gleichem Maße täuschen. Durch die klare Selbsterkenntnis, wer und was wir sind, wird unser Herz zur Demut bereit, so dass die Barmherzigkeit Gottes uns erreichen kann. Denn dem Demütigen schenkt Gott Gnade (1. Petr 5,5; Jak 4,9). So wird Fasten zu einer konkreten Bußbezeugung vor Gott, zum Ausdruck unserer Sinnesänderung, durch welche wir nicht mehr unseren egoistischen Motiven und Begierden, sondern dem Anruf Gottes folgen.

3. Fasten als Hilfe zur Heiligung

Es gibt Sünden im Denken, Sprechen und Verhalten, problematische Streitereien unter Glaubensgeschwistern, Temperamentsausbrüche,

Stolz usw., die trotz guter Vorsätze, trotz inständigen Gebetes nicht bewältigt werden.

Fasten kann hier Ausdruck meiner Gesinnung werden: Ich meine es ernst und will anders werden. Ich will das nicht nur mit Worten versprechen, sondern mit Leib und Seele die Absicht unterstreichen (5. Mose 8, 3.11-14; 1. Sam 7, 6; Hes 16, 4-9; Esr 8, 21; Neh 9, 1-2).

4. Fasten als Zurüstung zum Dienst

Wieder geht es um die Ehre Gottes, um das Erfülltwerden mit dem Heiligen Geist, um in Vollmacht transparent zu sein für die Größe, das Wirken und die Herrlichkeit Gottes (Lk 4, 14; Apg 13, 3; 14, 23). Fasten kann nie der Versuch sein, Gott durch eine Art Hungerstreik um Segen zu bitten oder gar ihn so erzwingen zu wollen, sondern es ist Zeichen dafür, dass wir es ernst meinen mit dem, was wir bitten oder tun und dabei das Ziel verfolgen, Gottes Namen groß zu machen.

5. Fasten im Kampf um Befreiung

Es gibt Bindungen – z. B. okkulte oder an Suchtmittel wie Nikotin, Alkohol, Drogen, Tabletten, auch Bindungen an Angst, Eifersucht, Neid oder unreine Gedanken –, die durch seelsorgerliche Beratung allein und auch durch aufrichtiges Gebet nicht gelöst werden.

In solch schwierigen Lebenslagen, in denen wir einzig und allein auf Gottes Hilfe zählen, sollen wir unser Gebet mit Fasten verbinden. Das Fasten kann hier die Rolle eines Kampfmittels haben, nicht nur für den, der gebunden ist und frei werden will, sondern auch für den, der helfen will (Mt 17, 21; Mk 9, 29; 16, 15-18; Lk 4, 18).

6. Fasten zur Disziplinierung des Leibes

Nicht nur Essen und Trinken, auch »Gesundheit um jeden Preis« kann heute so in den Vordergrund treten, dass dadurch die Prioritäten völlig verschoben werden. Wer fastet, erlebt eine neue Dimension der Freiheit, Freiheit vom Körperlichen, Freiheit vom Zwang. Er erlebt die Herrschaft des Geistes über das Fleisch (1. Kor 9, 27; Röm 13, 12-13).

7. Fasten, um wirksamer dem Welthunger zu begegnen

Wenn Christen nicht mehr fasten und verzichten oder es nur aus egoistischen Gründen tun, fällt der Hunger auf die Völker zurück. Sie tragen die Last unseres Versagens. Der Hunger der Welt hat einen Hintergrund in der Sünde. Unser Geben muss daher mehr sein als bloßes Spenden aus dem Überfluss. Nicht Kollekte, sondern Opfer, sonst bleiben unsere Spenden nur eine Beschwichtigung unseres Gewissens. Was der Allgemeinheit schadet, kann auch für uns selbst nicht gut sein.

Das gewohnheitsmäßige Überschreiten unseres Maßes wird uns im Fasten bewusst. Wir erkennen, wie das Haben-wollen und die sinnlichen Begierden das innere Licht verdunkeln (Mt 6, 16-23). So kann uns Fasten und Verzichten zu einer Gesamtmäßigung unseres Lebens führen, durch die erst eine gerechtere Verteilung der Güter der Erde möglich wird. Fasten, Beten und Wohltun sind Wesensbestandteile eines Lebens, das Gott gehört. Tägliche Mäßigkeit ist das beste Fasten.

Erfahrungen

»Ich bin mit großen Erwartungen zu den Fastenfreizeiten gefahren, aber nicht, weil ich Gott ein besonderes Opfer bringen wollte, sondern weil ich etwas Besonderes von ihm empfangen wollte. Als Faster bin ich auch anderen Christen nicht überlegen, sondern mein geistliches Leben ist neu aufgefrischt, freier und mutiger geworden. Das Fasten in Gemeinschaft ist im Nachhinein betrachtet keine Last, sondern Freude gewesen. Nie ergab sich sonst die Möglichkeit, meine geistliche Antenne so gezielt auf Gott auszurichten und ohne Ablenkung des Alltags zu empfangen. Durch Gebetsgemeinschaften und den Austausch mit anderen Teilnehmern ist mir die Führung Gottes in meinem Leben in einigen Bereichen ganz konkret bewusst geworden.« *(Redakteur)*

»Mein Alltag als Gemeindeschwester ist sehr bunt. Ich kann mich nicht den Menschen entziehen, z. B. das Telefon und die Türklingel abstellen. So sind mir die Fastenklausuren jedesmal Oasen, Segenszeiten. Und ich plane sie bewusst ein. Ja, ich brauche sie. Sie sind für mich eine Art Kur für mein geistliches Wohlbefinden. Da gebe ich mich neu dem Herrn hin, stelle mich wieder bewusst in seinen Dienst. Ich rechne damit, dass er mich anspricht, dass er mir Weisungen gibt, und will gehorchen. Gestärkt durch das Ausruhen vor Gott und die Gemeinschaft mit Schwestern und Brüdern gehe ich wieder in den Alltag. Mit Anfechtungen vor, während und nach den Einkehrtagen rechne ich; sie sind mir nichts Besonderes mehr. Der Satan will mich durcheinander bringen. Manchmal gelingt es ihm, mich zu Fall zu bringen. Und doch – Jesus Christus ist zum Vergeben bereit. Er ist und bleibt der Sieger.« *(Diakonisse)*

»Vom Hausarzt mit den nötigen Medikamenten versorgt – so ganz traute man der Sache ja doch nicht –, ging's zur Fastenkur. Ja, wofür wollten wir eigentlich fasten? Wir waren doch als wiedergeborene Gotteskinder wunschlos und zufrieden. Doch schon bald nach der Ankunft spürte man, hier waren Gotteskinder, die etwas erwarteten von dieser Fastenfreizeit. Ja, wir können im Nachhinein sagen, wir dürfen von unserem Herrn viel erwarten. Wenn wir durch Fasten seine Nähe suchen, beschenkt er uns wider Erwarten reich. Das Gebet während des Fastens ist das große Erleben mit unserem Herrn. Nichts steht hindernd im Wege oder nimmt unsere Gedanken gefangen. Die Gemeinschaft untereinander trägt und wirkt sich im Gebet aus. Gedanken bei Bibelarbeiten und Meditation sind tiefer, gründlicher, nicht abschweifend. Tiefer Friede im Herzen, auch mit den Geschwistern, lässt uns Gott nahe sein.

Gleichzeitig zeigt uns dieses Nahesein aber auch unsere Sündhaftigkeit auf. Wir tragen Verlangen, uns befreien zu lassen durch das Angebot der Beichte. Dadurch kommt es zur völligen Hingabe an Gott.« *(im Ruhestand lebendes Ehepaar)*

»Ich habe festgestellt, dass es gut ist, eine Fastenfreizeit an vorausgegangene Urlaubstage anzuschließen, weil dann der Abstand zum Alltag schon größer ist und das Stillewerden schneller geht. Auch ist der Körper schon zur Ruhe gekommen und kann die Umstellung auf das Fasten schneller bzw. besser verkraften. Am leichtesten ist das Fasten in der Gemeinschaft. Bei Bibelarbeiten, seelsorgerlichen Themen, Gebetsgemeinschaften und Stille wird das Innere mehr auf Gott ausgerichtet. Sein Wort wird mir dabei jedesmal neu lebendig und spricht wieder in mein Leben hinein. Welch eine Fülle ist doch für uns da, die sonst gar nicht ausgeschöpft wird. Es ist eine wunderbare Zeit des Ausgerichtetseins auf Jesus. Nach Fastentagen mit geistlicher Gemeinschaft komme ich stets wie aus einer anderen Welt in meinen Alltag zurück. Vom körperlichen Wohlbefinden her würde ich dann gerne noch weiter fasten, doch zu schnell bin ich wieder im alten Rhythmus.« *(Masseurin)*

Literatur:

Ein Fasten, das Gott gefällt, Arthur Wallis, Herold-Verlag, Aßlar

Türen nach innen, Gebrauchsanweisung für ein vertieftes Leben und Anleitung zur Meditation, Burckhardthaus-Verlag GmbH, Gelnhausen

Arbeitsmaterial über Klausurwoche und Fasten bei Arbeitskreis für evangelistische Gemeinschaftsarbeit, Stauffenburg

Evangelischer Erwachsenenkatechismus, 2. Auflage, S. 1289

Fasten aus Gründen des Glaubens, Kurt Scherer / Wolfgang Kegel, Sendung des Evangeliums-Rundfunks vom 29. 10. 1980, 21.30 Uhr

Die Sprechstunde — Persönliche Lebensberatung, Kurt Scherer, Hänssler-Verlag, Neuhausen

Kassette:
Beten und Fasten, Bestell-Nr.: 11224, ERF-Verlag, Wetzlar

Kein »finsteres Gesicht«

Erfahrungen eines Hauskreises mit Beten und Fasten

Dem Hauskreis, von dem ich berichten möchte, gehöre ich fast sieben Jahre an.

Einer unserer Geschwister, ein junger Mann von Anfang dreißig – ich nenne ihn hier Peter –, leidet an schwerer Schizophrenie und ist Frührentner. Mehrfache längere Aufenthalte in Psychiatrien konnten sein Leiden wohl zeitweise lindern, aber kaum bessern.

Peter stand immer unter schweren Medikamenten. Nicht selten ging er im Lauf der Jahre freiwillig zum Arzt, um seine erneute Einweisung ins Krankenhaus zu erbitten – dann nämlich, wenn seine »Stimmen« ihn so quälten, dass er fürchtete, ihren schrecklichen »Befehlen« gehorchen zu müssen.

Im Hauskreis war Peter still und unauffällig. Nur manchmal, wenn er plötzlich etwas ganz Unzusammenhängendes sagte, wussten wir, dass sich wieder eine Krise ankündigte.

Im November bat mich unser leitender Bruder, einen Abend über »Anbetung und Lobpreis« zu halten. Seiner Bitte kam ich um so lieber nach, da ich gerade an geistlichen Vertiefungstagen teilgenommen hatte, bei denen es wesentlich um Dank, Anbetung und Lobpreis ging.

An jenem Abend erzählte ich auch von einer Teilnehmerin dieser Tage, die während der ganzen Zeit gefastet hatte, und erwähnte zudem eine geistliche Gemeinschaft, die oft fastet und das vor allem regelmäßig vor missionarischen Einsätzen tut.

Im anschließenden Gespräch sagte eine Schwester spontan: »Könnten wir das nicht auch für unseren Peter tun? – Fasten, meine ich.«

Es war erstaunlich, wie positiv dieser Vorschlag sofort von allen aufgenommen wurde. Eine Schwester rief in beinahe überschwappender Begeisterung: »O ja, wann machen wir das?«

Aber uns wurde schnell klar, dass man so etwas nicht einfach »machen« kann, sondern es ernsthaft und gründlich vorbereiten muss. Wir erkannten auch, dass *ein* Treffen für die Vorbereitung nicht ausreichen würde; wir wollten schrittweise und ganz gewissenhaft vorgehen und uns vom Heiligen Geist führen lassen.

Beim ersten dieser Treffen befragten wir zunächst die Bibel. Im Alten Testament erfahren wir, wie deutlich Gott seinem Volk wieder und wieder sagt, was er unter rechtem Beten und Fasten versteht. Und wir lasen Jesu unmissverständliche Aussage in der Bergpredigt (Mt 6, 16-18).

Drei Aspekte wurden uns bedeutsam:

1. Fasten hängt untrennbar mit innerer Umkehr zusammen. Entweder geht es ihr voraus oder es ist ihre unmittelbare Folge:

Joel 2, 12: »Bekehret euch zu mir von ganzem Herzen mit Fasten . . .« und

Joel 2, 13: »Zerreißet eure Herzen und nicht eure Kleider, und bekehret euch zu dem Herrn, eurem Gott.«

Apostelgeschichte 9, 9: ». . . und er (Paulus) konnte drei Tage nicht sehen, und er aß nicht und trank nicht.«

2. Fasten leitet oft Gottesbegegnungen oder wichtige Entscheidungen ein:

2. Samuel 12, 16: »David suchte Gott und fastete.«

Apostelgeschichte 13, 2-3: »Als sie aber dem Herrn dienten und fasteten, sprach der heilige Geist: Sondert mir aus Barnabas und Saulus zu dem Werk, zu dem ICH sie berufen habe. Da fasteten und beteten sie und legten die Hände auf sie und ließen sie ziehen.«

3. Es gibt Krankheiten, deren Heilung Beten und Fasten voraussetzt und sie begleitet oder gar begleiten muss (Mk 9, 14-29: die Heilung des besessenen Jungen).

Hier bedurfte es einer besonderen Hinführung und Ermutigung; denn wir begaben uns – das sahen wir nüchtern – auf unbekanntes Gelände.

Die Frage, ob und inwieweit bei Peters Erkrankung dämonische Mächte mitwirkten, vermochten wir nicht zu klären; es mangelte an nötiger Kenntnis und Erfahrung. Wohl aber spürten wir, dass Medikamente allein Peter keine Heilung brachten. Eines jedoch war klar:

Der Herr wollte uns für Peter in den Dienst nehmen, und es galt, das *Wie* zu erkennen und es im Gehorsam zu tun.

Ein großer Helfer bei unseren schwierigen Überlegungen war uns Johann-Christoph Blumhardt (1805-1880). Dieser württembergische Pfarrer hatte den Herrn beim Wort genommen, als er sich darauf einließ, durch Beten und Fasten die dunklen Mächte in die Flucht zu schlagen, die von seinem jungen Gemeindeglied Gottliebin Dittus in Möttlingen Besitz ergriffen hatten und das Mädchen entsetzlich peinigten. Jesus hatte sich zu seinem Diener bekannt; er war der Sieger! Gottliebin wurde frei.

Wir wagten uns weit vor – beschritten diesen Weg in Kinderschuhen; aber ein Zurück gab es nicht mehr ... und war nicht der Herr selbst unser Weg?

Am zweiten Vorbereitungsabend beschäftigten wir uns mit der »Waffenrüstung Gottes« nach Epheser 6, 10-20. Eine allzu bekannte Schriftstelle ... Aber wie unerbittlich uns Paulus da fordert, wurde uns erst an jenem Abend bewusst. Fast erschraken wir darüber.

Sehr hilfreich war uns die Bemerkung einer Schwester – so selbstverständlich, ja, wie nebensächlich hingeworfen: »Fasten ist im Grunde für Christen ein Lebensstil.« – Das war's! Das Geheimnis der Befähigung zum Fasten überhaupt: innere Umkehr, ein ständiger Prozess ... dauerndes Loslassen – immer Neues wagen – ihn tun lassen – ihm Raum geben – Vorläufigem nicht nachtrauern ... »haben, als hätten wir nicht ... « – Johannes der Täufer sagt schlicht: »Er muß wachsen, ich aber muß abnehmen« (Joh 3, 30).

Der dritte Abend diente der Abklärung des äußeren Verlaufs unseres Fast- und Bettages. Denn einen Rahmen mussten wir abstecken. Getränke wollten wir zu uns nehmen; möglichst nur heißen Tee. Aber auch Obstsäfte sollten vorrätig sein. Wir wollten bereits morgens zu Hause eine oder zwei Tassen Tee zu uns nehmen und uns am Tag vorher durch geringere Nahrungsaufnahme auf das Fasten einstellen.

Auch unser geistliches Tun besprachen wir eingehend.

Während der Wochen unserer Vorbereitungen befand sich Peter im Städtischen Krankenhaus. Es ging ihm nicht gut, und wir befürchteten eine neuerliche Einweisung in die Psychiatrie.

Dann kam der vereinbarte Tag: Sonntag, der 22. Januar!

Nach gemeinsamem Gottesdienstbesuch fuhren wir zur Wohnung einer Schwester, wo wir den Tag verbringen wollten.

Etwas bange war uns zumute – das gestanden wir uns ein. Wie würde es gehen? Würden wir durchhalten? Was würde überhaupt – abgesehen vom Fasten – anders sein an diesem Tag, anders als beim üblichen Zusammensein? Würde tatsächlich etwas »anders« sein?

Das Tee-Trinken begannen wir bewusst gemeinsam wie eine Familienmahlzeit. Wir sangen ein Lied, sprachen das Tischgebet – sangen zwischendurch wieder ... Ja, es erfasste uns große Freude beim Singen, die den ganzen Tag über anhielt.

Durch das Singen wurden wir innerlich immer freier; frei für das Gespräch mit dem Herrn. Auch Singen ist Gebet.

Nach der ersten Gebetsgemeinschaft lasen wir Psalm 16. Nach einer Pause schweigenden Betrachtens tauschten wir uns darüber aus. Unsere Gedanken verdichteten sich; alles, was wir dachten und sagten, hatte eine Beziehung zu Peter.

Die verständlicherweise einsetzende Müdigkeit vertrieben wir durch einen erfrischenden Spaziergang im Sonne überglänzten Schnee. Als wir wieder zusammen saßen, hatten wir nicht nur das Bedürfnis nach heißem Tee, sondern freuten uns auch erneut aufs Singen.

Unsere Gebetsgemeinschaft wollten wir auf Vorschlag unseres leitenden Bruders fortsetzen, indem wir uns – wie er es nannte – am Vaterunser »entlang beteten«. – Wir stutzten. Wie meinte er das? Er erklärte kurz: Wir sollten versuchen, die Anrede des Vaterunsers, jede Bitte und den abschließenden Lobpreis bewusst im Blick auf Peters Situation abzuhorchen – uns vom Heiligen Geist führen zu lassen, ohne uns zu verkrampfen und »geistlichen Zwang« anzutun ... Zwischen den einzelnen Bitten wollte er eine kleine Überleitung machen.

Wir staunten: Es ließ sich wirklich immer wieder eine Verbindung zu unserem Anliegen herstellen; z. B.:

Dein Reich komme! – »Herr, dein Reich begann mit deinem Kommen auf diese Erde. Johannes dem Täufer ließt du durch seine Jünger sagen, dein Reich wäre daran zu erkennen, dass Lahme gehen, Blinde sehen und Aussätzige rein werden ... Wir möchten hinzufügen: und Geistesgestörte wieder klar denken können. Herr, darum bringen wir dir heute unseren Peter ... «

Oder:

Unser tägliches Brot gib uns heute! – »O Herr, nicht nur leibliche Güter gehören dazu. Für Peter beispielsweise bedeutet es, gesund zu werden, sich wieder freuen zu können ... «

Und schließlich beim Lobpreis: »Herr, wir freuen uns darauf, dass auch Peter dich wieder wird preisen dürfen! Und wir vertrauen dir, dass du es ihm schenken wirst ... «

Welcher Reichtum entfaltete sich vor uns! Der Herr erschloss uns ganz neu sein Gebet.

Als wir uns gegen 18.00 Uhr trennten, waren wir nicht mehr dieselben, die sich morgens mit zagendem Herzen trafen. Der Tag hatte uns verwandelt – nein, nicht der Tag; der Herr hatte es getan durch seinen Heiligen Geist. Wir hatten uns Gedanken aussprechen hören, die wir einander nie zugetraut hätten. Wir waren uns nähergekommen, viel näher ... Die tiefe Begegnung mit dem Herrn hatte eine ebenso tiefe Freude in uns ausgelöst. Wir dankten, dankten wieder und wieder!

Zwei Tage später rief mich unser leitender Bruder an:

»Stell dir vor, seit Sonntag geht es Peter besser!«

»Was???«

»Ja, denk nur, er hört keine Stimmen mehr – fühlt sich auch körperlich wohler. Der Arzt meint, er könnte es wagen, die Dosis der Medikamente zu reduzieren.«

Meine Hand zitterte; ich konnte den Hörer kaum halten, lauschte aber gebannt hinein.

»Ist das möglich?«

»Ja, es ist wahr!«

»Peter braucht also nicht in die Psychiatrie?«

»Kein Gedanke; das erübrigt sich!« ...

Im nächsten Hauskreis war des Sich-Freuens kein Ende. Unser Dank für Peters beginnende Heilung beherrschte den Abend. Schnell stand unser Entschluss fest: Wir wollten uns ein zweites Mal zu einem Gebetstag treffen!

An diesem Abend ging uns etwas Grundsätzliches und sehr Wichtiges auf:

Wir mussten uns vor einem »geistlichen Trip« hüten! Das einmal in dieser Weise Erlebte barg die Gefahr eben der »Einmaligkeit«. Der Herr lässt sich nicht für »geistliche Höhenflüge« missbrauchen, und danach geht alles seinen gewohnten Gang. »Betet ohne Unterlass! ...« lautete seine klare Aufforderung auch für uns. Er braucht beharrliche Beter, nicht solche, die sich nur an hohen Festen oder in Krisensituationen seiner erinnern. – Wir waren aus unserer Verantwortung für Peter nicht entlassen.

Den Ablauf des zweiten Gebetstages planten wir ähnlich wie beim erstenmal.

Sonntag, 11. März:

Wir hatten wieder am Gemeindegottesdienst teilgenommen. Anschließend kam Peter auf mich zu:

»Grüß dich! Heute bin ich auch bei euch.«

»Wie, du kommst mit und willst den ganzen Tag dabei sein?«

»Ja, das möchte ich.«

»Peter, das ist toll!«

»Finde ich auch«, strahlte er.

Als wir dann in unserem bewährten Domizil »unter uns« waren, verkündete Peter:

»Ich habe meinen Fotoapparat mit. Wenn wir mittags spazieren gehen, mache ich Aufnahmen von uns. Ich hab nämlich einen Selbstauslöser mit Stativ, damit ich auch mit draufkomme.«

Wie mitteilsam er war – fast lebhaft. Ein völlig veränderter Peter stand vor uns. Er lachte und war fröhlich.

Während der Gebetsgemeinschaft hörten wir Peter plötzlich sagen:

»Herr, ich danke dir, dass du mich heilen willst. Ich danke dir, dass du mich von den schrecklichen Stimmen befreit hast. Ich danke dir, dass ich wieder glauben kann, dass du mich liebst.«

Eine Gnadenstunde! Wir spürten es alle.

Diesmal bezogen wir in unser Beten auch andere uns bekannte Menschen ein, die in ähnlicher Lage wie Peter sind. Wir nahmen Peter dabei nichts weg; denn des Herrn Liebe ist grenzenlos, und er teilt sie jedem in gleicher Fülle zu.

Als Psalm hatten wir diesmal den 147. gewählt. Ach, wie dankbar konnten wir in diesen Lobpreis einstimmen:

»Er heilt, die zerbrochenen Herzens sind, und verbindet ihre Wunden. Der Herr hat Gefallen an denen, die ihn fürchten, die auf seine Güte hoffen« (Psalm 147, 3 und 11)!

Auf unserem Spaziergang war Peter in seinem Element mit dem Fotografieren. Besonders spannend war für ihn der Augenblick, wenn er vom Stativ auf uns zulief, um mit »im Bild« zu sein. Er war überglücklich und wir mit ihm.

Am Sonntag, den 13. Januar (ein Jahr später), hielten wir unseren dritten Gebetstag. Wieder war Peter dabei. Es geht weiter aufwärts mit ihm; langsam zwar, aber das ist gut für uns. Denn der Herr möchte, dass sich unsere geschwisterliche Treue bewährt ... Wir planen bereits ein viertes Gebetstreffen.

Zwei Erfahrungen bzw. Erkenntnisse
möchte ich abschließend hier weitergeben:

- Das Fasten ist für ein solches Tun, wie wir es praktizierten und weiterführen wollen, nicht die Hauptsache, sondern vielmehr ein Hilfsmittel. Es setzt verschüttete Geistes- und Seelenkräfte frei, die wir unbedingt brauchen, wenn wir wieder zu einer vertiefteren und konkreteren Gottesbeziehung gelangen wollen. Unser Gebet soll »Mark« haben und kein bloßes frommes »Geplätscher« sein.
  Das Fasten bereitet den Boden unseres Herzens vor – lockert ihn auf, macht Geist und Seele wach.
- Durch die Vorbereitung und Durchführung dieser Gebetstage lernen wir uns im Hauskreis eigentlich erst richtig kennen; wir »entdecken« einander sozusagen. Das heißt allerdings auch, dass uns Konflikte bewusst werden, die wir früher nicht wahrnahmen oder überspielten. Wir erkennen, wo wir uns ändern müssen – wo es Unstimmigkeiten und Missverständnisse auszuräumen gilt. Der Herr hat also auch einen Heilungsprozess innerhalb unseres Kreises in Gang gebracht.

Leid und Leiden haben ihren Eigenwert

Auf meinem Schreibtisch stand lange Zeit eine Spruchkarte mit den beiden Worten: »Ja, Vater!« Immer wieder fiel mein Blick darauf, und immer wieder wurden diese beiden Worte für mich zu einer Herausforderung im Blick auf den Umgang mit Leid und Leiden. Es gibt ja nicht wenige Lebenslagen, die es uns schwer machen, dieses »Ja, Vater!« zu sprechen. Beim Nachdenken darüber ist mir klar geworden, dass das etwas mit meiner grundsätzlichen Einstellung Gott gegenüber zu tun hat, mit meinem Gott vertrauenden Denken. In der Betroffenheit stellt sich die Frage, ob ich meine Angst, meine Zweifel an der Führung Gottes nähre oder den Gedanken, dass ich immer in des Herrn Hand geborgen bin. Je nachdem, wie wir uns verhalten, werden nicht nur unser Charakter und unsere Umwelt geprägt, sondern ganz entscheidend unser Glaubensleben. Das ist eine Erfahrung, die ich immer wieder mache.

Vielleicht kennen Sie auch diese andere Erfahrung:

Da ist unsere körperliche Verfassung, die uns in unserer Arbeit hindert und auch sonst manche Nöte mit sich bringt, die dann auch immer wieder Anlass ist zum Aufbegehren. Wenn es auch nicht immer in Worten zum Ausdruck kommt, so ist die Haltung des Herzens doch nicht grundsätzlich die der Dankbarkeit, des Vertrauens. Es will sich nämlich immer wieder die Frage dann in unser Denken einschleichen: »Herr, warum?« – Mir ist klar – und gewiss werden Sie ähnliche Gedanken auch immer wieder haben, dass es Gott ein Kleines wäre, auch heute alle Beschwernis und alle Nöte des Körpers und der Seele durch ein Wunder wegzunehmen. Aber er tut es oft nicht sofort und auch immer wieder gar nicht. Seinem Verhalten liegen dann bestimmte Erziehungsmethoden zugrunde. Er will uns dadurch Lebenswahrheiten und Lebensweisheiten einsichtig machen. Solange wir im Nein, im Gegensatz zu seiner Wegführung bleiben, solange wir ein negatives »Aber« einzuwenden haben, ist ein Überwinden und ein wirkliches Ja-Sagen zur Führung Gottes in unserem Leben unmöglich. Nur ein bedingungsloses Vertrauen zu der Führung Gottes öffnet den Weg aus der negativen Lebenshaltung, dem Aufbegehren, Klagen und Nein-Sagen. Vertrauen ist das Gegenteil von Unglaube. Vertrauenslosigkeit ist praktizierter Unglaube. Er kann nur überwunden werden, wenn ich zu der positiven Haltung des Herzens finde, das spricht: Ich will »Ja« sagen; es ist der Herr! Das »Ja, Vater«-Sagen hat nichts zu tun mit Autosuggestion oder mit dem mühsamen Versuch, sich eine bejahende Lebenshaltung anzugewöhnen. Es ist zwar eine geistliche Übung, aber es ist zuallererst ein Geschenk, das der lebendige Gott dem aufrichtig Bittenden gibt. Es ist eine Gabe, die jedem zur Verfügung steht, der die Verheißungen der Bibel für sich in Anspruch nimmt. Es geht dabei um das Gott vertrauende »Aber«. »Aber auf dein Wort hin …« (Lk 5,5). Wenn wir uns in dieser Glaubenshaltung praktisch üben, wird nicht nur unser Leben anders, auch die Welt um uns ändert sich, vor allem wird der Name unseres Herrn Jesus Christus durch uns geehrt und verherrlicht.

Es wird nicht ausbleiben, dass sich auch unsere Mitmenschen nach unserem Lebensgeheimnis erkundigen, denn noch immer macht ein zufriedenes, Geborgenheit und Freude ausstrahlendes Leben anziehend. Es lohnt sich, dieses Bekenntnis zum Leitsatz seines Lebens zu machen: »Ja, Vater.« Wir sind dann nicht mehr versklavt an Menschen und Umstände, sondern gebunden an den lebendigen Gott, der uns kennt und versteht, liebt und führt. Das Vertrauen zu ihm ist dann nicht nur Energie zu Höhenwanderungen, sondern auch zum Durchhalten und Überwinden in den Talsohlen des Lebens, zum Tragen und Ertragen. »Zu seiner Zeit« werden wir dann sein Eingreifen erfahren, denn das Morgen gehört dem, der sein Leben Jesus übereignet hat und sich im Heute von ihm bestimmen lässt. Wie dieses Eingreifen aussieht, ist seine Sache.

Ein paar Anmerkungen zum rechten Umgang mit Leid und Leiden.

1. Leiden will in die Stille führen

Wesentlich ist, dass wir das Auf-die-Seite-gestellt-Sein annehmen. Die Stille wird uns zur schöpferischen Pause werden. Wir können dadurch äußerlich und innerlich zur Ruhe kommen, dürfen abschalten, was heilsam wirkt. In dieser Stille ist der Ort neuer Begegnungen mit Gott gegeben und damit die Möglichkeit, gesegnet zu werden. »Nur an einer stillen Stelle legt Gott seinen Anker an«, sagt Rudolf Kögel.

2. Im Leiden werden neue Prioritäten gesetzt

»Dass uns werde klein das Kleine und das Große groß erscheine.« Manches von dem, was vorher wichtig und unentbehrlich schien, wird unbedeutend. Wertvolles, was verdrängt, versäumt worden war, kommt wieder zur Geltung. Wo wir Gottes Angesicht suchen, gewinnen wir neue Einsichten. Wie von höherer Warte können wir neue Perspektiven für unser Leben gewinnen. Ein neues Blickfeld tut sich vor uns auf. Ewigkeit bricht sozusagen in die Zeit hinein, wie es Marie Schmalenbach formuliert. Hudson Taylor sagte es einmal so: »Zu lernen, was Gott und die Not lehren will, ist wichtiger, als aus ihr herauszukommen.«

3. Leiden, das uns in die Stille führt, weitet uns den Raum zum Beten

Wir bekommen Zeit zum Nachdenken, zum Bedenken, zum Umdenken, Neudenken, Danken, auch zur Bitte und Fürbitte. Dieses Stillhalten vor dem Angesicht Gottes kann das ganze Leben in ein neues Licht rücken. Der Leidende besinnt sich auf Sinn und Ziel seines Daseins. Neue Wertvorstellungen gewinnen Raum in uns. Das Gespräch mit Gott wird zu einer »Bibelarbeit mit den Händen«. Wir beten konkreter – namentlich, konzentrierter – eindringlicher, kontinuierlicher – anhaltender und machen dabei die wunderbare

Erfahrung: Das Gebet ändert mich, ändert andere und auch die Umstände!

4. Leiden lässt aufs Wort hören

Karl Friedrich Hartmann sagt es in einem Lied so: »Leiden macht das Wort verständlich … « Es lehrt uns, intensiver in der Bibel zu lesen und über das Gelesene nachzudenken, sich damit auseinanderzusetzen, es persönlich in Anspruch zu nehmen. Ich stelle immer wieder fest, dass die Zuversicht, das Gottvertrauen in meinem Leben in einem genauen Verhältnis zu dem Platz steht, den das Wort Gottes, die Bibel, in meinem Gott vertrauenden Denken einnimmt.

5. Leiden bindet fester an Gott

Der Leidende erfährt seine völlige Abhängigkeit von Gott. Gerade in der Krankheit können wir lernen, dass alle unsere vermeintlichen Sicherheiten und Versicherungen letztlich vergeblich sind und nicht durchtragen. Im Wissen, getragen zu sein von Gott, kann ich Leid und Leiden tragen und ertragen lernen. Wenn ich mich ausschließlich auf meinen Gott verlasse, werde ich Hilfe erfahren. »Auf meinen lieben Gott trau ich in Angst und Not, der kann mich allzeit retten aus Trübsal, Angst und Nöten; mein Unglück kann er wenden, steht all's in seinen Händen«, wie es in einem Lied unseres Gesangbuches heißt. – Auf dieses völlige Vertrauen wartet Gott. Seine Hilfe muss nicht meinen Erwartungen entsprechen, aber er hilft. Es mag sein, dass uns deswegen manches Mal alles aus der Hand genommen wird, damit neu klar wird: Geht es uns primär um die Hilfe oder den Helfer? Da können wir dankbar-froh das Wesentliche erkennen: »Nichts kann uns scheiden von Gottes Liebe« (Röm 8).

6. Leiden führt unseren Glauben in die Bewährung

Er kann reifen und Frucht tragen. In der Bewährung können wir zugleich Bewahrung erfahren. Dadurch werden wir in unserem Vertrauen gestärkt. Wir erfahren, wie wahr es ist, was Paulus sagt: »Wir wissen, dass Bedrängnis Geduld bringt; Geduld aber Bewährung; Bewährung aber Hoffnung; Hoffnung aber läßt nicht zuschanden werden; denn die Liebe Gottes ist ausgegossen in unsre Herzen durch den heiligen Geist, der uns gegeben ist« (Röm 5, 3-5). Dadurch wird dann auch der Glaube der anderen gestärkt, wenn sie sehen, wie der Leidende mit Gottes Hilfe sein Leiden trägt und darin den Glauben bewahrt und bewährt. Das Zeugnis dessen, der durch schweres Leiden gegangen ist oder das Leiden im Vertrauen auf Gott erträgt, ist glaubwürdiger. Er bezeugt: Ich werde gehalten, darum kann ich durchhalten; ich werde getragen, darum kann ich ertragen (Jak 1, 2-12).

7. Leiden vertieft das Verständnis für den anderen, der auch leidet

André Gide sagt einmal: »Ich glaube, dass die Krankheiten Schlüssel sind, die uns gewisse Tore öffnen können.« Ich meine, dass das stimmt. Es gibt jedenfalls einen Gesundheitszustand, der uns nicht erlaubt, alles zu verstehen. Vielleicht verschließt uns die Krankheit einige Wahrheiten; ebenso aber verschließt uns die Gesundheit andere oder führt uns davon weg, so dass wir uns nicht mehr darum kümmern. Ich habe unter denen, die sich einer unerschütterlichen Gesundheit erfreuen, noch keinen getroffen, der nicht nach irgendeiner Seite hin ein bisschen beschränkt gewesen wäre wie solche, die nie gereist sind. Und ich erinnere mich, dass Charles Louis Philip die Krankheit sehr schön die »Reisen der Armen« genannt hat.

8. Leiden stärkt die Gemeinschaft der Glaubenden

So sollte es wenigstens sein. »Wenn ein Glied leidet, so leiden alle Glieder mit, und wenn ein Glied geehrt wird, so freuen sich alle Glieder mit« (1. Kor 12, 26). Die Fürbitte, das Mittragen und Mitleiden – nicht das Mitleid –, das Teilgeben und Teilnehmen binden zusammen. Gemeinsam trägt sich die Last leichter. Und wenn man sich zusammen dann auch freuen und darum danken kann über erfahrene Durchhilfe, Bewährung und Bewahrung, dann ist das eine Bereicherung aller. Gerade auch von solchen Bereicherungen nährt sich ja unser Gottvertrauen.

9. Leiden ist der Weg vom Kreuz zur Krone

Wir bekommen Teil an der Machtlosigkeit, der Schwäche, dem Leiden Jesu. Viele Nachfolger Jesu haben das vergessen, ja, sie wollen es nicht wahrhaben, dass dies ein wesentlicher Teil der Nachfolge ist. Wie das Leiden Jesu nicht vergeblich gewesen ist, nicht sinnlos gewesen ist, sondern die Erlösung der Welt bewirkte – Ihre und meine Erlösung inbegriffen –, so ist auch unser Leiden nicht vergeblich. In ihm wird Jesu Herrlichkeit transparent, seine Macht und seine Kraft kommen zum Tragen. Karl Friedrich Hartmann sagte es so: »Endlich bricht der heiße Tiegel, und der Glaub empfängt das Siegel als im Feur bewährtes Gold, da der Herr durch tiefe Leiden uns hier zu den hohen Freuden jener Welt bereiten wollt.«

10. Leiden ist ein Reifeprozess

»Selig ist der Mensch, den bittere Trauer überkommt, wenn er seine eigene Sünde erkennt.« Der Weg zu Gott ist der Weg des gebrochenen Herzens. »Denn die Traurigkeit nach Gottes Willen wirkt zur Seligkeit eine Reue« (2. Kor 7, 10).

Je länger ein Mensch Jesus Christus kennt und liebt, desto unweigerlicher geschehen zwei Dinge in seinem Leben: Er sieht immer mehr die Vollkommenheit Jesu und seine eigene Unvollkommenheit. Sein Nachdenken darüber trägt dazu bei, dass seine Trauer zum Segen wird. Ich zitiere nochmals Karl Friedrich Hartmann: »Unter Leiden prägt der Meister in die Herzen, in die Geister sein allgeltend Bildnis ein. Wie er dieses Leibes Töpfer, will er auch des künftgen Schöpfer auf dem Weg der Leiden sein.«

11. Leiden macht selig

Jesus sagt das in der Bergpredigt: »Selig sind, die da Leid tragen; denn sie sollen getröstet werden« (Mt 5, 4). Ich will es einmal anders formulieren: »Selig sind, die über Leid und Leiden klagen, sie werden getröstet.« Vielleicht haben Sie im ersten Augenblick den Eindruck, das sei ein Widerspruch, wenn Sie das so lesen. Das ist verständlich, und das ist normal, wenn Sie so reagieren. Wer kann schon selig sein, wenn er gleichzeitig über Leiden klagen muss. Und doch empfinde ich darin keinen Widerspruch. Ebenfalls dann nicht, wenn wir diesem Wort gründlicher nachgehen. Dann wird dieses Wort zu einer Hilfe, mit dem Leiden und dem Leid dieser Welt besser fertig zu werden. Das ist ja eines der Dinge, die der heutige Mensch kaum mehr kann. Eine Hilfe in manchmal aussichtsloser Lage des Leidenden, das tut not. Und dieses Wort Jesu will eine solche Hilfe sein – für Sie, für mich.

Wir wissen, vielleicht aus eigener Betroffenheit oder auch, wenn wir die Augen offen halten, dass Leiden zum Leben gehört. Leiden und Leid, ja das ist der Unfall, der ein Leben auf sehr wenige Lebensmöglichkeiten einschränkt. Das ist die Krankheit, die mehr und mehr Schmerzen mit sich bringt und immer weniger Aktivität erlaubt. Das ist die seelische Belastung, in der wir von einem tiefen schwarzen Loch ins andere hineinstolpern und keinen Ausweg mehr kennen. Das ist die Trauer über den Tod, der unerwartet zugeschlagen hat. Und das sind all die menschlich ausweglosen Lebenslagen, in denen wir nichts als weinen oder mit Gewalt dagegen rebellieren möchten. Leiden und Leid gehören zum Leben. Zu einem Leben mehr, zum anderen weniger. Warum das so ist, wissen wir nicht. Entscheidend ist, dass wir wissen, wie wir mit dem Leiden leben, wie wir mit dem Leben umgehen, wenn das Leiden über uns kommt.

Jesus Christus sagt nicht, dass der Leidende an sich selig sei, sondern der, der über sein Leid klage. Ich finde, das ist ein wichtiger Unterschied. Es ist nicht das Leiden, das den Menschen selig macht, ganz gewiss nicht. Und dies ist ja das, was wir als Widerspruch empfinden.

Wir empfinden es besonders dann als Widerspruch, wenn uns dies als die biblische Meinung oder als vermeintlicher Trost serviert wird, ungefähr in dem Sinn: Gott tut dir mit dem Leiden doch einen Gefallen, du sollst selig werden dadurch. Dies, in welcher Form es uns immer begegnet, ist weder biblisch noch menschlich, das ist einfach lieblos. Anders ist es, wenn wir eben richtig hören: Derjenige, der über sein Leiden klagt, es trägt, annimmt, verarbeitet, der wird selig. Ich meine, da sollten wir vielleicht noch ein bisschen besser hinhören. Was heißt das, über Leiden klagen?

Ich will Ihnen dazu zwei Beispiele nennen. Zunächst aus Psalm 13: »Herr, wie lange willst du mich so ganz vergessen? Wie lange verbirgst du dein Antlitz vor mir? Wie lange soll ich sorgen in meiner Seele und mich ängsten in meinem Herzen täglich?« Solche Klagelieder enden in der Regel in der Bitte um die Hilfe Gottes. Wichtig ist im Moment für uns aber nur, dass hier ein Mensch einfach einmal nur klagt. Oder denken Sie an die Liedstrophe von Georg Neumark: »Denk nicht in deiner Drangsalhitze, dass du von Gott verlassen seist und dass ihm der im Schoße sitze, der sich mit stetem Glück speist; die Folgezeit verändert viel und setzet jeglichem sein Ziel.«

Wissen Sie, beide Beispiele machen deutlich, dass zu allen Zeiten glaubende Menschen über Leiden klagende Menschen sein konnten. Zur Zeit der Bibel genauso wie heute. Sehr viele dieser Leidenden klagten über ihr Leiden mit Worten der Bibel oder auch mit Liedern des Gesangbuches. Viele von ihnen machten sich auch die Klageworte anderer zu eigen. Doch das Entscheidende dabei ist: Ihr Klagen war nicht ein zielloses Jammern, sondern ein gezieltes Klagen vor Gott. Nicht ein Anklagen, sondern ein Hinausklagen der Not. Das Wichtigste dabei ist, dass sie in diesem Klagen um ein Gegenüber wussten, um Gott, um den, der zuhört und der im Zuhören mitträgt. »Mein Gott, mein Gott, warum?« Das »mein Gott« ist so wesentlich!

Manchmal geht dieses Klagen noch leichter, wenn nicht nur Gott mithört, sondern auch ein Mensch. Die rechte Leidensklage ist immer die Begegnung mit dem, der zum Zuhören bereit ist.

Klagen macht selig, sagte ich. Damit Sie mich recht verstehen, möchte ich das jetzt noch einmal zusammenfassen und so sagen: Nicht das Klagen macht selig, sondern die im Klagen erfahrene Gewissheit, dass Gott da ist, dass er hört und dass er mit seinem Zuhören am Leiden teilnimmt, die Last mitträgt. Seligsein ist nicht eine gefühlsmäßige Sache, sondern eben diese tiefe Gewissheit der Geborgenheit trotz allem Elend, das Getröstetsein in Gott.

Doch was bedeutet dies nun für uns, für Sie, für mich? Es kann für Sie der Schritt zu der Hilfe sein, die Sie in Ihrer eigenen Not suchen und bis jetzt nicht gefunden haben. Ich möchte Sie einfach ermuntern, diesen Schritt zu tun, Ihr Leid Gott zu klagen und ihn als helfenden Gott zu erfahren, der an Ihrer persönlichen Not wirklich Teil hat. So ist es in einem ganz tiefen Sinne buchstäblich wahr, dass das Leid eine eigene Seligkeit im Sinn von gereiftem Glück zu geben vermag, die durch nichts anderes zu ersetzen ist. Wie sagt Jesus: »Selig sind, die da Leid tragen, denn sie sollen getröstet werden.« Das heißt nun nicht – noch einmal, damit Sie mich recht verstehen –, dass wir Leid und Leiden suchen sollen. Gott schickt es uns zur rechten Zeit, dann sollen wir es aber nicht scheuen. Wir sollen es annehmen lernen, es verarbeiten, so dass es wertvoll wird. Geduld wird dazu beitragen. Das ist ein geheimnisvoller Prozess. Nur wer ihn durchläuft, macht die Erfahrung: Leid hat seinen Eigenwert. Die im Leiden gemachten Erfahrungen der Nähe, der Treue und Barmherzigkeit Gottes kann man auf keinem anderen Weg sammeln.

Leid und Leiden – Reifezeiten der Seele

Persönliche Erfahrungen

Wer lehnt sich nicht zunächst gegen das Leid, gegen die schwere Wegführung auf. Das ist eine ganz normale Reaktion. Es darf nur nicht die Letzte bleiben. Mit der Anfechtung, der Auflehnung geht ganz eng die Verbitterung im Gespann. Die aber hat destruktive Kräfte.

Ganz anders begegnen wir dem Leid, wenn wir lernen, es anzunehmen. Wer es ablehnt, liegt stets mit sich selbst im Streit. Nimmt man es an, wird die Geduld dazu beitragen, es zu verarbeiten, so dass es wertvoll wird. Das ist ein geheimnisvoller Prozess. Wer ihn nicht selbst erlitten hat, schüttelt bei diesen Worten den Kopf. Die Aussagen sind ihm eine Torheit oder ein Ärgernis. Man kann es einem Menschen, der so denkt, noch nicht einmal verübeln. Wie soll er anders reagieren? Vielleicht erst dann, wenn er selbst dran ist.

So ging es mir zweimal gravierend in meinem Leben. Mit 34 Jahren bekam ich einen Herzinfarkt und mit 56 Jahren einen Hirninfarkt. Jedes Mal stürzten Werte zusammen, die ich für unveränderlich gehalten habe. Ich musste nicht nur lernen, mit Begrenzungen zu leben, sondern neue Prioritäten in meinem Leben zu setzen. Aufbegehren, Hader, die ständigen Warum- und Wozu-Fragen halfen auf die Dauer genauso wenig wie die Resignation und der Frust. Ein Tor ging auf, als ich meine Lebenslage zunächst einmal annahm. Ich habe meinen Weg akzeptiert mit dem Versuch, ihn zu begreifen. Ich lerne immer noch, die Erfahrungen in die Praxis umzusetzen. Mein Leben ist anders geworden. Keineswegs ärmer. Das Gegenteil trifft zu. Es ist belastbarer geworden. Ich lerne, Frucht zu tragen! Ich weiß heute für mich: Im Ja zum Willen Gottes liegt die Kraft zum Tragen und zum Ertragen, ohne unter der Last zusammenzubrechen.

Die Lebensgeschichte Hiobs hat mir dabei geholfen. Zeigt sie doch, dass man sich im Auf und Ab, im Hin und Her des Lebens erst zum Lob Gottes oft hart durchringen muss, bevor Neues geboren wird. Als Menschen, die Jesus Christus gehören und ihm nachfolgen, dürfen wir lernen, im Vertrauen zum Anfänger und Vollender unseres Glaubens (Hebr 12, 1-3), uns aus dem Nein des Herzens hindurchzukämpfen in das Ja des Glaubens. Wir müssen dabei der Traurigkeit, der Resignation das Lob Gottes entgegensetzen, denn »wer will uns scheiden von der Liebe Gottes? Trübsal oder Angst oder Verfolgung oder Hunger oder Blöße oder Fährlichkeit oder Schwert... Aber in dem allem überwinden wir weit um deswillen, der uns geliebt hat«. Wir können »gewiss sein, dass weder Gegenwärtiges noch Zukünftiges, weder Tod noch Leben, weder Engel noch Fürstentümer noch Gewalten, weder Hohes noch Tiefes noch keine andere Kreatur uns scheiden kann von der Liebe Gottes, die in Christo Jesus ist, unserem Herrn« (Röm 8, 31 ff.).

Im Leiden entdecken wir, ob unser Vertrauen zu Gott nur eine oberflächliche Verzierung unseres Lebens ist oder der wesentliche Grund, auf dem unser Leben ruht. Im Leiden entdecken wir unseres Herrn Jesus Christus als Heiland und Tröster, der in wunderbarer Weise seine Verheißung wahrmacht: »Ich will dich nicht im Stich lassen« (Hebr 13, 5). So ist es in einem ganz tiefen Sinne buchstäblich wahr, dass das Leid eine eigene Seligkeit – im Sinne von gereiftem Glück – zu geben vermag, die durch nichts anderes zu ersetzen ist.

Quelle:
Kurt Scherer, *Mein Gott, mein Gott, warum...?*, Hänssler-Verlag, Neuhausen

Richtlinien ...

- zur Bewahrung vor negativen Reaktionen auf das Leiden:
  - Meine nicht, du wärst allein und einzig in der Welt mit deinem Leiden.

- Gib dich nicht dem Selbstmitleid oder gar dem Hadern gegen Gott hin.
- Gib dich nicht der übermäßigen Trauer hin.
- Geh nicht allen Leuten dein Leid weitschweifig erzählen.
- Lass dich nicht von deinem Leid einwickeln und knechten – als ob es immer so weitergehen müsste.
- Versuche nicht, mit eigner Willenskraft dein Leid zu bewältigen.

– zur Pflege einer positiven Reaktion auf das Leiden:
- Prüfe, wie weit du selbst für dein Leiden verantwortlich bist; durch Sünden, durch falsche innere Haltungen.
- Gott will, dass du mit deinem Leid tust, was er mit seinem Leid tut – nämlich:
- Nimm dein Leid und mache daraus etwas zur Ehre Gottes!
- Übe dich im regelmäßigen Schöpfen aus den Quellen Gottes: Reinigung, Bibel, Gebet, Gemeinschaft, Dienst für andere.
- »Und wenn Gott mein Beten nicht erhört?« – Dann danke Gott auch so – und wenn du den Sinn deines Leidens im Augenblick noch nicht verstehst,
- vertraue deinem Gott – wenn nicht »aufgrund von«, dann eben »dennoch!«

Quelle: E. Stanly Jones in »When Sorrow Comes«

Erfahrungen anderer

– »Ich glaube, dass Gott aus allem, auch aus dem Bösesten, Gutes entstehen lassen kann und will. Dafür braucht er Menschen, die sich alles zum Besten dienen lassen.
Ich glaube, dass Gott uns in jeder Notlage soviel Widerstandskraft geben will, wie wir brauchen. Aber er gibt sie nicht im Voraus, damit wir uns nicht auf uns selbst, sondern allein auf ihn verlassen. In solchem Glauben müsste alle Angst vor der Zukunft überwunden sein« (Dietrich Bonhoeffer).

- »Da die Wasser wuchsen, hob sich die Arche in die Höhe. Das Leiden soll uns in die Höhe tragen« (Anselm von Canterbury).
- »Leid ist Nachsitzen in der Schule Gottes« (Peter Horten).
- »Wer die Wege Gottes verstehen will, der muss das Ende abwarten« (Walter Nitsch).
- »Das Leiden ist keine Strafe, sondern ein Besuch Gottes« (Walter Nitsch).
- »Im Grunde ist nicht halb so viel Leiden im Leiden wie in der Auflehnung gegen das Leiden« (C. H. Spurgeon).
- »Schweres Leiden bedeutet tiefere Segnungen. Unsere Arbeit wird durch Prüfungen nicht gehindert, sondern vertieft und erweitert« (Hudson Taylor).
- »Zu lernen, was Gott uns im Leiden sagen will, ist wichtiger, als aus ihm heraus zu kommen« (Hudson Taylor).
- »Alles Leid hat gestaltende Kraft. Gleich dem Bauern, der den Acker bestellt, wenn er mit dem Pflug tiefe Furchen zieht, reißt es unsere Herzen auf und macht sie empfänglich für gute oder schlechte Saat« (VU).
- »Das Evangelium ohne Leiden gehört in den Himmel. Das Leiden ohne Evangelium gehört in die Hölle. Das Evangelium mit Leiden gehört auf die Erde« (Ernst Klein).

Literatur:
Richard Kriese, *Dein Leid ist nicht sinnlos,* Francke
C. S. Lewis, *Über den Schmerz,* Brunnen
C. S. Lewis, *Über die Trauer,* Benzinger
G. Eisele, *Leiden bekämpfen — Leiden annehmen,* in: Studienbriefe Seelsorge S. 7, Hrsg. Arbeitsgemeinschaft Missionarische Dienste
Erich Schick, *Der Christ im Leiden,* Brunnen
A. Zeilinger, *Aus der Tiefe rufe ich,* Brockhaus

Endlich bricht der heiße Tiegel
und der Glaub empfängt sein Siegel
als im Feur bewährtes Gold,
da der Herr durch tiefe Leiden
uns hier zu hohen Freuden
jener Welt bereiten wollt.

Unter Leiden prägt der Meister
in die Herzen, in die Geister
sein allgeltend Bildnis ein.
Wie er dieses Leibes Töpfer,
will er auch des künftgen Schöpfer
auf dem Weg der Leiden sein.

Leiden bringt empörte Glieder
endlich zum Gehorsam wieder,
macht sie Christus untertan,
dass er die gebrochenen Kräfte
zu dem Heiligungsgeschäfte
sanft und still erneuern kann.

Leiden sammelt unsre Sinne,
dass die Seele nicht zerrinne
in den Bildern dieser Welt,
ist wie eine Engelwache,
die im innersten Gemache
des Gemütes Ordnung hält.

Leiden macht das Wort verständlich,
Leiden macht in allem gründlich;
Leiden, wer ist deiner wert?
Hier heißt man dich eine Bürde,
droben bist du eine Würde,
die nicht jedem widerfährt.

Im Gefühl der tiefen Schmerzen
dringt das Herz zu Jesu Herzen
immer liebender hinan.
Und um eins nur fleht es sehnlich:
mache deinem Tod mich ähnlich,
dass ich mit dir leben kann.

Endlich mit der Seufzer Fülle
bricht der Geist durch jede Hülle,
und der Vorhang reisst entzwei.
Wer ermisset dann hienieden,
welch ein Meer von Gottesfrieden
droben ihm bereitet sei?

Jesu, lass zu jenen Höhen
heller stets hinauf uns sehen,
bis die letzte Stunde schlägt,
da auch uns nach treuem Ringen
heim zu dir auf lichten Schwingen
eine Schar der Engel trägt.

Nach Karl Friedrich Hartmann, 1743 - 1815
bearbeitet von Albert Knapp, 1798 - 1864

Tränen,
die den Staub von der Seele spülen

Bei meiner persönlichen Bibellese bin ich in den letzten Wochen bei verschiedenen Worten, die mit unserem Thema zu tun haben, hängen geblieben. So z. B. bei Psalm 119, 25.28. Dort steht geschrieben: »Meine Seele liegt im Staube; erquicke mich nach deinem Wort. Ich gräme mich, dass mir die Seele verschmachtet; stärke mich nach deinem Wort!« – Die Seele trägt Trauer.

Ich konnte den Beter so gut verstehen, denn mir war so ähnlich zu Mute. Mir war nämlich zum Heulen zu Mute. Zugleich bewegten mich ganz unterschiedliche Gefühle, Gedanken, denn Tränen sind ja nicht gerade gesellschaftsfähig. Wir haben dem Weinen gegenüber oft noch eine negative Einstellung. »Ein Junge weint nicht!«, sagt der Vater, als sich sein Sohn beim Fallen das Knie blutig geschlagen hat. »Heulsuse!« tadelt die Mutter ihr weinendes Mädchen. Weinende Männer sind unmännlich und weinende Frauen hysterisch. Tränen sind eben, wie bereits gesagt, nicht gesellschaftsfähig, meint man. Auch im Raum der Gemeinde Jesu tröstet man sich eher – gut gemeint und darum falsch – mit Worten wie: »Weine nicht!« statt jemanden aufzufordern: »Weine getrost!«

Das Weinen ist wohl der persönlichste und menschlichste Ausdruck einer Gemütsbewegung. Denn Tränen sind ein Ausdruck für Angst, Wut, Trauer, Mitleid, Freude, Überraschung, Rührung. Das alles will man aber so möglichst nicht zeigen. Dem Heranwachsenden wird gesagt: »Du weinst ja nur aus Selbstmitleid.« Der Jugendliche lernt also, sich seines Selbstmitleidens zu schämen. Er lernt, seine Gefühle zu unterdrücken. Aber sind sie deswegen verschwunden? Wenn wir nicht weinen und nicht klagen, haben wir dann die Trauer und den Schmerz überwunden? Nein, sie steigen hinab in tiefere Schichten unseres Wesens, ja unseres Körpers. Wenn wir unser ganz natürliches Instrumentarium, das Weinen, die Tränen, mit dem wir uns mitteilen, nicht mehr benutzen, müssen wir uns nach einem anderen umsehen. Hier beginnt der verhängnisvolle Kreislauf. Wenn ich nicht mehr spontan weinen darf, beginne ich unbewusst meine Trauer oder Enttäuschung jetzt immer mit Schuldgefühlen zu koppeln. Die Kraft, die ich zur Überwindung der Schwierigkeiten anwenden sollte und könnte, verwende ich nun auf das Unterdrücken der natürlich in mir aufsteigenden Tränen. Ich gestatte mir diesen emotionalen Balsam nicht, dieses Bad der Seele. Das ist nicht gut!

Es gibt ein besseres Verhalten. In Psalm 56, Vers 9 betet David: »Sammle meine Tränen in deinen Krug; ohne Zweifel, du zählst sie!« David breitet seinen Kummer im Gebet vor Gott aus. Er tut es umfassend, wie es ihm ums Herz ist. Zwischen Hoffen und Bangen, Klagen und Loben, Angst und Zuversicht bewegt sich sein Gemütszustand – und er steht zu seinen Tränen, wenn er sein Herz vor Gott ausschüttet. Seine Tränen trennen ihn nicht von Gott. Sein Weinen gehört offenbar genauso zu seinem Gottvertrauen wie sein Loben. Das können wir lesen vor und nach diesem Satz: »Ich will Gottes Wort rühmen; auf Gott will ich hoffen und mich nicht fürchten …«

Für ihn gehört beides zusammen, vielleicht ähnlich wie bei einem Gewitter. Ein Gewitter entlädt sich und reinigt die Luft. Ein Gewitter entspannt die Atmosphäre.

Wenn ich also meinen Kummer Gott gegenüber klagen kann, wenn ich vor ihm mein Herz ausschütten kann, dann brauche ich vor ihm nichts zu verbergen. Ich bin vor ihm wie ich bin, mit meiner Freude und Zuversicht genauso wie mit meiner Angst und meinen Tränen. Mir scheint, eine Frömmigkeit, die das Weinen ausklammert, steht in der Gefahr, den Menschen zu spalten und den guten Spannungsbogen zu verlieren, der ein Leben mit Gott spannend, letztlich fruchtbar macht. Das kann ganz unterschiedlich aussehen:

Kürzlich sagte mir eine Frau im seelsorgerlichen Gespräch, es seien ja gar nicht die großen Schwierigkeiten, sondern die vielen kleinen, unlösbaren Lebenslagen, die sich in ihr ansammelten, bis schließlich das Fass voll sei und überlaufe. Dann wundere sich ihre Umwelt, warum sie plötzlich weine. Die anderen sähen eben immer nur das eine gerade aktuelle Problem, das für sich allein genommen auch gar nicht so schlimm sei. Aber das eine sei eben gerade der Tropfen, der das bereits volle Fass zum Überlaufen bringe. Warum eigentlich dürfe sie dann nicht traurig sein und weinen? – Wie gut kann ich diese Frau verstehen! Manchmal geht man wochenlang durch die Tage mit seinem Krug und sammelt all die kleinen Bitterkeiten auf, und der Krug wird dabei schwerer und schwerer. Eigentlich ist es natürlich, dass er dann ausgegossen werden muss. Auch diese Frau wollte nichts anderes, als ihren Krug ausgießen, ihrer Trauer, ihrem Schmerz nachgeben und weinen. Doch eben dies wird ihr schwer gemacht, wenn man fälschlicherweise ermutigt: »Brauchst doch nicht zu weinen!«

Weinen ist ein (oft befreiendes) Zeichen der großen Traurigkeit, die man nicht verdrängen oder unterdrücken soll. Weinen kann ein Stück echter Trauerarbeit sein. Weinen kann zur Bewältigung von Leid und Traurigkeit helfen. Weinen befreit!

Da ist eine treue Nachfolgerin Jesu. Durch einen tödlichen Verkehrsunfall verlor sie ihren Mann und den einzigen Sohn. Das kann sie nicht überwinden. Sie starrt – wie damals Lots Frau – unentwegt auf dieses Unglück, und dabei erstarrt sie (1. Mose 19, 26). Sie ist zu keiner Regung fähig. Sie kann nicht weinen und nicht mehr beten. Sie schweigt und starrt vor sich hin. Mit großer Geduld und Einfühlsamkeit gelingt es dem Seelsorger, sie zum Reden zu bringen. Was dann aus ihr hervorbricht, sind Fragen der Anklagen: »Warum?« »Warum ich?« »Warum jetzt?« »Warum mein Mann?« »Warum mein einziger Junge?« »Warum?«

Und dann plötzlich öffnen sich die Schleusen und Tränen fließen wie der Platzregen nach einem heftigen Gewitter. Es lösen sich die Spannungen und Verkrampfungen. Dann darf der Seelsorger die weinende Frau zu dem führen, der trösten und Tränen trocknen kann, zu Jesus Christus.

Weinende sind in bester Gesellschaft. Wenn wir die Bibel aufschlagen, begegnen wir Menschen, die in verschiedenen Lebenslagen geweint haben. Hier ein paar Beispiele:

– *Tränen der Verzweiflung.* Als der zweimal betrogene Esau nach dem Verlust des Erstgeburtsrechts und des väterlichen Segens in völliger Verzweiflung aufschreit: »Hast du denn nur einen Segen,

mein Vater?«, heißt es: »Und er erhob seine Stimme und weinte«
(1. Mose 27, 38). Es ist, um es in einem Bild aus der Technik zu
sagen, als ob sich ein Sicherheitsventil öffnet, das eine Explosion
verhindert. Nur so kann er seine Situation ertragen!

– *Tränen der Angst.* König Hiskia wird todkrank. Der Prophet verkündigt ihm im Namen Gottes: »Bereite dich auf dein Ende vor!«
Unter der Wucht einer solchen Bedrohung »brach Hiskia in Tränen aus und weinte laut« (2. Kön 20, 4). Dem Weinenden aber verwandelt sich die Angst in einen Gebetsschrei. Und Gott tröstet.
»Um Trost war mir sehr bange. Aber du hast dich meiner Seele
herzlich angenommen«, bekennt dann Hiskia (Jes 38, 17).

– *Tränen der Anfechtung.* David fragt nach dem Sinn und Ziel des
Lebens. Er ist über Wegführungen zutiefst erschüttert: »Höre
mein Gebet, Herr und vernimm mein Schreien und schweige
nicht zu meinen Tränen« (Ps 39, 13). Tränen schaffen einen seelischen Ausgleich.

– *Tränen des Mitleids.* Als Hiobs Freunde das Elend des von Gott
Geschlagenen sahen, überkam sie tiefes Mitleid, und »sie fingen
an laut zu weinen« (vgl. Hiob 2, 12). Tränen sagen oft mehr als gut
gemeinte Worte!

– *Tränen des Abschiedsschmerzes.* Naomi, die Witwe, kehrt aus der
Fremde wieder nach Juda zurück. Sie verabschiedet sich von
ihren Schwiegertöchtern Orpa und Rut. Ein herzbewegender
Abschiedsschmerz überkommt sie: »Da erhoben sie ihre Stimme
und weinten« (Rut 1, 9). Gemeinsam geweinte Tränen verbinden
und trösten zugleich!

– *Tränen der Trauer.* Maria steht am leeren Grab Jesu. Sie kann ihre
Trauer nur durch Tränen ausdrücken. »Maria stand draußen vor
dem Grab und weinte« (Joh 20, 11). Aber ihre Tränen bleiben nicht
unbemerkt. Jesus tritt zu ihr und fragt sie: »Warum weinst du?«
Das ist der Trost der Weinenden, dass es einen gibt, der die Tränen
zählt!

– *Tränen der Freude.* Als Jakob sich mit Esau versöhnte, fielen sie
sich um den Hals und küssten sich und weinten (1. Mose 33, 4).
Wohl dem, der solche Tränen vergießen darf. Denn nicht geweinte Tränen können krank machen. Das wissen die Psycho-

therapeuten und benutzen das Weinen als eine Möglichkeit, seelische Spannungen zu entkrampfen.

Diese Erkenntnis vertreten auch viele Mediziner. »Wenn wir den Tränen freien Lauf lassen, wird manches Medikament überflüssig«, schreibt einer. Ein anderer meint, dass durch das Weinen viele Stresskrankheiten verhindert und gemindert würden.

Ein gesunder und natürlicher Weg, seinen Kummer, seine seelische Last los zu werden, ist, ihn gründlich vor Gott auszuweinen. Es ist sinnwidrig zu glauben, man müsse seinen Kummer unbedingt verbergen und es sei beschämend, den erlösenden Tränen freien Lauf zu lassen. Der geheime, streng gehütete und eingesargte Kummer ist viel gefährlicher, ja der gefährlichste. Unsere ungeweinten Tränen wirken sich verheerend aus. Das Nichtweinen ist einer der Gründe, warum viele Männer an hohem Blutdruck und an Herzkrankheiten sterben, sagen Mediziner. Natürlich geht es nicht darum, dass man sich seinem Schmerz hemmungslos hingibt. Aber Tränen erleichtern das Herz. Sie sind wie ein Überdruckventil. Sie mindern die seelischen Spannungen und sind überall da angebracht, wo man sich seiner Gefühle nicht scheuen und nicht schämen soll. Jedenfalls ist die Stärke, die keine Tränen mehr haben will, unnatürlich, ja unmenschlich.

Untersuchungen haben ergeben, dass die gleiche Substanz, die in Tränen enthalten ist, sich auch in den Magengeschwüren findet. Weil Männer weniger weinen als Frauen, leiden sie häufiger an dieser Krankheit. Auch die Augenärzte wissen ein Lob der Tränen zu singen. Die Tränen dienen dazu, die empfindliche Oberfläche des Auges feucht zu halten. Wenn Staubteilchen und kleine Fremdkörper in das Auge gelangen, werden sie durch Tränen fortgespült. Tränen haben heilende Wirkung für die Organe.

Und was für den Körper gilt, wieviel mehr wird das seine Bedeutung haben für die Seele. Der Psalmist bekennt und bittet: »Meine Seele liegt im Staube; erquicke mich nach deinem Wort« (Ps 119, 25). Tränen sind das Bad, das den Staub von der Seele wäscht. Augustinus sagt es einmal so: »Im Strom der Tränen wird das Alte fortgeschwemmt; wie einem reinigenden Bad entsteigt die Seele einem solchen Weinen.«

In diesem Wort sind zwei tiefsinnige Bilder enthalten:

– *Der Strom* »Im Strom der Tränen wird das Alte fortgeschwemmt!«
Als Kinder haben wir gern Holzstückchen in den schnell fließen-
den Bach geworfen und beobachtet, wie die Wellen die kleine Last
eilig davontrugen. So ähnlich spülen die Fluten des Tränenstroms
alles Belastende davon. Unwiederbringlich – denn Ströme
können nicht rückwärts fließen.
– *Das Bad.* »Wie einem reinigenden Bade entsteigt die Seele einem
solchen Weinen!« Welch eine Wohltat, wenn man nach einem heißen Wandertag auf staubigen Wegen in einem erfrischenden Bad
Erquickung findet. Ja, Tränen können das Bad der Seele sein und
den Staub von ihr spülen ...

Das Weinen gehört zum wirklichen Leben. Tränen sind nicht ein Zeichen der Schwäche. E. Benoit hat geschrieben: »Bist du traurig,
meine Seele, lass den Tränen freien Lauf. Sie waschen deine Augen
und lindern deinen Schmerz. Milde Tränen sind wie Frühlingsregen
für die Saat. Was schämst du dich? Es weinte der Psalmist. Es weinte
der Prophet. Es weinte der Apostel. Wer von uns kennt keine Tränen? Hab keine Scheu, mein Herz. Es weinte Jesus ...«

Jesus war tief berührt, schmerzlich bewegt, dass sein Freund
Lazarus gestorben war. Wer will sich das Bild vorstellen: Tränen in
den Augen Jesu, des Mannes, der die kernige Bergpredigt hielt, der
furchtlos durch die Menge ging, die ihn steinigen wollte, der in gött-
licher Macht seinen Weg ging. Er weinte mit den weinenden, trauern-
den Schwestern. Er weinte als Betroffener.

Ich wehre mich bewusst gegen die, die das Weinen untersagen wollen. Ich tue es, weil ich um meine eigenen Tränen weiß. Und vieles meiner Seelsorge ist zutiefst angeweint, ehe es anderen zum Segen geworden ist. Ich habe viele weinen sehen, Männer und Frauen. Manche ent-
schuldigten sich wegen ihrer Tränen. Aber niemand muss sich ent-
schuldigen. Wir alle täten gut daran, ab und zu unseren Tränen freien
Lauf zu lassen. Charles Dickens versichert uns: »Wir brauchen uns
weiß Gott unserer Tränen nie zu schämen; sie sind doch Regen auf
den Staub der Erde, der uns blind macht und unsere harten Herzen
bedeckt.« Und dazu passt genau das Wort von Phil Bosmans: »Du
siehst alles anders und viel besser mit Augen, die geweint haben!«

Nochmals: In der Bibel wird solchen Tränen sogar wichtige Funktion und neue Zukunft verheißen. Im 126. Psalm lesen wir über die Tränen in großem Leid und tiefer Traurigkeit: »Die mit Tränen säen, werden mit Freuden ernten.«

Da tut sich ein neuer Hoffnungshorizont auf, den der Dichter Christian G. Barth so beschreibt: »Tu den Völkern Türen auf, deines Himmelreiches Lauf hemme keine List noch Macht. Schaffe Licht in dunkler Nacht. Erbarm dich, Herr. Gib den Boten Kraft und Mut, Glaubenshoffnung, Liebesglut. Lass viel Früchte deiner Gnad folgen ihrer Tränensaat. Erbarm dich, Herr!«

Ob wir nun die positive oder die negative Seite des Weinens betonen – Tränen bleiben Tränen und doch ist auch die Frage berechtigt: Wann fließt die letzte Träne?

In einer Predigt über das Wort aus der Offenbarung, Kapitel 7, Vers 17: »Gott wird abwischen alle Tränen von ihren Augen« hat der unvergessene Prediger Spurgeon folgende Antwort gegeben: »einen kleinen Schritt vor den Perlentoren, nicht eher. Es wäre ja kein Grund vorhanden, Tränen im Himmel abzuwischen, wenn die Gläubigen nicht mit Tränen in den Augen dort ankämen. Bis hart an die Tore des Himmels kommen die Gotteskinder weinend in Begleitung ihrer beiden Weggenossen Schmerz und Kummer. Dann aber werden die Tränen auch endgültig getrocknet, und Schmerz und Seufzen müssen die Flucht ergreifen. Am Strom des Lebens in der Herrlichkeit wachsen keine Trauerweiden!« – Jede Träne wird abgewischt. Die geweinten Tränen, in denen der Schmerz sich manchmal lösen darf, ebenso wie auch die vielen bitteren ungeweinten Tränen, die oft stecken bleiben in den verhärteten und manchmal versteinerten Abgründen des Herzens. Darauf warten wir. Darauf freuen wir uns. Doch bis dahin gilt:

Ich will es lernen, meinen Kummer wahrzunehmen und vor Gott und auch vor Menschen auszudrücken, ja in diesem wörtlichen Sinne aus-zu-drücken, damit er mich nicht weiter bedrückt. Wie gut, dass dieses immer wieder sein kann. Gott hat einen Krug, sagt der Beter. Und er zählt die Tränen. Er zählt sie nicht, um uns die Fülle vorzuwerfen, sondern weil er sie alle wahrnimmt und annimmt und wegnimmt. Ich werde gerade mit meiner ganzen Not, mit meinem Herzausschütten angenommen.

Wenn ich weine, tröstet mich seit vielen Jahren dieses Psalmwort:

»Sammle meine Tränen in deinen Krug; ohne Zweifel, du zählst sie.« Tränen, die gemerkt werden, fallen leichter. Geteiltes Leid ist halbes Leid. Meine Tränen fallen nicht umsonst. Er weiß darum. Sie zerrinnen nicht sinnlos an meinen Wangen, denn einer kennt mein Leid und meinen Schmerz. Er sammelt meine Tränen in seinen Krug. Er hebt sie auf, bewahrt sie. Sie verdunsten nicht in der Sinnlosigkeit einer leeren Welt. Weine ich allein in der Nacht, umgeben von Dunkelheit, so bete ich leise: »Du sammelst meine Tränen in deinen Krug!« Ich gebe dies auch zu und stehe dazu, damit andere, denen es ähnlich geht, den Mut finden, der Gegenwart zuzulächeln, wenn auch sie in der Vergangenheit geweint haben.

Ich meine, wir sollten es wieder ganz bewußt tun: unsere Not vor Gott und auch vor Menschen ebenso unter Tränen zum Ausdruck bringen. Eine Gemeinschaft, in der das möglich ist, kann zu einem Ort der Geborgenheit werden, von dem heilende Kräfte ausgehen, wenn dadurch der Staub von der Seele gespült wird. Hier ist gut sein, hier darf ich schwach sein. Hier ist gut sein, hier darf ich weinen. Hier ist gut sein, hier wird der Staub von der Seele gewaschen. Hier ist gut sein, hier kann ich mich dann auch wieder mit anderen freuen und meinen Gott loben. Des Apostels Rat ist schon richtig: »Weint mit den Weinenden« (Röm 12, 15), dann kann auch das andere wieder wahr werden: »Freut euch mit den Fröhlichen!«

Kassette:
Kurt Scherer, *Tränen, die den Staub von der Seele spülen,* Best.-Nr. 11199, ERF-Verlag, Wetzlar

Freude, die aus den Augen strahlt

Freude, die aus den Augen strahlt – wer hätte nicht Sehnsucht danach! »Es ist ein ungeheures Glück, wenn man fähig ist, sich zu freuen« (George Bernhard Shaw). »Unser Gesicht sollte immer der Landeplatz für den Anflug eines Lächelns sein« (Thomas Romanus Böckelmann). Denn was wäre die Welt ohne Freude, ohne Heiterkeit, was ohne Scherz und Lachen? »Wenn ein fröhliches Herz fehlt, was hilft uns dann der Reichtum der Welt?« (Johann Michael Sailer). Denn Freude hat für unser seelisches Wohlbefinden eine ähnliche Wirkung wie Vitamine für unseren Körper. In diesem Sinne ist auch ein Wort aus den Sprüchen zu verstehen: »Ein fröhliches Herz tut dem Leibe wohl; aber ein betrübtes Gemüt lässt das Gebein verdorren« (17, 22).

Kurt Heimbucher, der verstorbene Präses des Gnadauer Verbandes, sagt in einem Lied: »Ich freue mich an diesem Leben, ein jeder Tag, der mir gegeben, ist ein Geschenk aus Gottes Hand . . .« Wer mit solchen Gedanken und Gefühlen in und durch einen Tag geht, der nimmt nichts für selbstverständlich, auch die kleinen Dinge des Lebens nicht. Er lebt bewusst, dankbar und daher intensiv. Von ihm geht eine positive Ausstrahlung aus. Das ist für ihn selbst wie auch für seine Umgebung wohltuend und ermutigend.

Dieses Schlusskapitel will daher so etwas wie eine Vitaminspritze für Ihr Leben, für Geist, Seele und Leib, auch für Ihr Gemüt sein. Freude ist der Sonnenschein des Lebens, der vieles zum Blühen bringt. Solche Freude ist mehr als Vergnügen oder konfliktfreies Leben.

Freude, das Leben bereichernde Freude, ist nicht nur für wenige auserwählte Personen da. Gott will dieses Geschenk jedem Menschen machen, der ihn darum bittet, auch Ihnen. Wenn Sie zu den Menschen gehören, die jetzt sagen: ›Schön wär's, wenn das auch mir gelten würde! Ich kann mich nicht mehr freuen; ich bin zu enttäuscht, zu lange auf der Schattenseite des Lebens; meine Lebenslage ist zu trostlos und zu aussichtslos, zu verfahren‹, dann sind Sie jetzt eingeladen, es Paul Gerhardt gleich zu tun, der sein eigenes Herz auffordert: »Geh aus, mein Herz und suche Freud…«

Es geht darum, die Augen aufzumachen und bewusst zu sehen, wieviel Gutes Gott in unser Leben geschenkt hat. »Wie viele Freuden werden zertreten, weil die Menschen meist das, was zu ihren Füßen liegt, nicht achten« (Katharina Elisabeth Goethe). Ganz wesentlich dabei ist, aus jeglichem Vergleichsdenken auszusteigen. Denn wenn's wirklich ans Tauschen ginge mit einem anderen, von dem wir meinen, der habe viel mehr Grund zum Freuen in seinem Leben, dann wollen wir doch nicht wirklich ganz und gar mit ihm tauschen. Wir möchten die guten Seiten seines Lebens, doch mehr nicht. Darum gilt es, mit geöffneten Augen – um das nochmals zu wiederholen – das zu sehen, bewusst zur Kenntnis zu nehmen, was Gott in unser Leben gegeben hat und sich darüber freuen zu wollen. Das kann damit beginnen, dass ich Gott dafür danke. Da sind die vielen kleinen Dinge, die unser Leben hell und freundlich machen: Der Sonnenstrahl, der uns am Morgen weckt und einen schönen Tag verheißt; die Feststellung, dass wir unsere Sinne und Glieder gebrauchen können; der freundliche Gruß, der uns zeigt, dass wir Menschen haben, die uns mögen; ein Dankeschön oder ein Lob, das uns ermutigt; dass wir zu essen und zu trinken, ein Dach über dem Kopf haben, einen Arzt und notwendige Arznei; dass wir Menschen haben, auf die wir uns verlassen können; dass wir im Frieden leben; dass uns verziehen wurde, obwohl wir jemandem wehgetan haben; dass wir trotzdem die Kraft hatten, weiterzumachen, obwohl wir einen Misserfolg zu verbuchen hatten… Jeder von uns findet viele kleine Dinge zum Freuen, wenn sein Herz ausgeht, Freude bewusst zu suchen! Machen Sie sich einmal selbst diese Freude und schreiben Sie über längere Zeit täglich in ein Merkbuch, was Ihnen da so spontan zum Freuen einfällt.

Das Sich-freuen schließt aber noch viel mehr als das bisher Gesagte ein: Es ist die Freude, von Gott als Persönlichkeit gewollt, begabt, geliebt, angenommen und geführt zu sein. Es ist die Freude darüber, dass es bei Gott für Schuld Vergebung, Entlastung des Gewissens, Heil für Geist, Seele und Leib gibt. Jesus, Gottes Sohn, hat uns dies erwirkt und er hat uns zugesagt, und das hält er auch, dass wir immer – wenn wir uns auf ihn verlassen, sein Sterben für uns in Anspruch nehmen –, auch Teil haben an seinem ewigen Leben. »Die Gerechten freuen sich und sind fröhlich vor Gott und freuen sich von Herzen« (Ps 68, 4). Die Gerechten, das sind nicht die Glückspilze und die Untadeligen oder die, die keine Schwierigkeiten in ihrem Leben kennen, sondern die, die von Herzen Gott suchen, die Sehnsucht nach ihm haben, sich in aller Schwachheit zu ihm halten und ihn liebhaben wollen und daher auch die Zusage haben, Anteil an seiner Hilfe, seiner Fürsorge, seiner Güte, seiner Liebe, seiner Führung zu bekommen.

Wer so zu Gott gehört, kann sich freuen. Denn in ihm, in Gott, nicht in uns, liegt der Grund der Freude. Ja, er, Gott selbst, ist der Grund zur Freude. Denn er ist in Jesus Christus zu uns Menschen gekommen, um mit uns in Gemeinschaft zu leben. Wo er in einem Menschen durch Gottes Geist Wohnung gemacht hat, da kommt Freude ins Leben. Denn da haben Hoffnungslosigkeit und Resignation, Angst und Verzweiflung, Sorgen und Friedlosigkeit auf Dauer keinen Platz mehr im Gott vertrauenden Denken. Wir können ihnen Sitz- und Stimmrecht aufkündigen. Wenn wir das tun, unsere Gedanken auf Jesus und sein Wort konzentrieren, unser Herz für seinen Geist damit öffnen, ihn bitten, unsere Gemeinschaft mit Gott zu reinigen, zu heiligen, zu vertiefen, dann hat das seine Auswirkungen in unserem Leben. Wir werden froh, zufrieden, glücklich. Da wird die Freude am Herrn zu unserer Stärke (Neh 8, 10). Die Erfahrung zeigt, dass dies seine Wirkung hat bis in die Augen eines Menschen. Sie werden hell, sie leuchten. Sie beginnen zu strahlen, sind sie doch die Schaufenster unserer Seele. Von einem Menschen, der glücklich ist in der Gewissheit der durch Jesus Christus geschenkten Erlösung vom Teufel, der Sünde und dem ewigen Tod, strahlt Freude aus. »Die auf ihn sehen, werden strahlen vor Freude, und ihr Angesicht soll nicht schamrot werden« (Ps 34, 6). Freude gehört zum Leben. Wir wissen aus Erfahrung, wie sehr es beflügelt, wenn wir Freude erleben. Das Leben sieht anders aus. Wir wissen aber auch, wie sehr es niederdrücken kann, wenn echte, bleibende Freude im Herzen nicht aufkommen will. In solchen Zeiten spüren wir: Freude, das Leben erfüllende Freude, kann man selbst nicht machen. Wir wehren uns zu Recht gegen die oberflächliche oder verkrampfte Aufforderung zur Freude. In Zeiten der Bedrängnis, der Sorge oder des Leides können wir eine Aufforderung wie »freuet euch!« nur hören, wenn wir wissen, der diese Aufforderung ausspricht, hat ähnliche Erfahrungen gemacht wie wir, sein Zuspruch ist keine Floskel. Er demonstriert mit seinem Leben, dass er es vermag, auch in schweren Lebenslagen getrost und zuversichtlich zu bleiben. Demnach muss dieser Zuspruch zur Freude einen festen Grund haben.

Von dieser Freude wird im Philipperbrief, Kapitel 4, den Versen 4-7[*] berichtet:

»Freut euch, dass ihr zu Jesus Christus gehört. Und noch einmal will ich es sagen: Freut euch! Jeder soll eure Güte und Freundlichkeit erfahren. Denn: Der Herr kommt bald! Macht euch keine Sorgen! Ihr dürft Gott um alles bitten. Sagt ihm, was euch fehlt, und dankt ihm! Gott wird euch seinen Frieden schenken, den Frieden, der all unser Verstehen, all unsere Vernunft übersteigt, der unsere Herzen und Gedanken im Glauben an Jesus Christus bewacht!«

Diese Freude, die in und aus Jesus Christus kommt, bedeutet für unser seelisches Leben das gleiche, was Vitamine für unseren Körper ausmachen. Diese Freude lässt leben; sie ist heilender Medizin vergleichbar. Augustinus sagt: »Die Seele nährt sich von dem, an dem sie sich freut!« Das hat der Apostel Paulus, der diese Aufforderung zur Freude aus dem Gefängnis schreibt, in seinem eigenen Leben erfahren. Er schreibt in dieser Lebenslage an Menschen, die auch in Bedrängnis leben, die verfolgt werden, sich Sorgen machen, unter Schmerzen leiden, angefochten sind und ihren Lebensweg nicht verstehen. Ihnen sagt er: Trotzdem könnt ihr euch freuen! »Freut euch, dass ihr immer in des Herrn Hand geborgen seid!« Der Grund der Freude liegt also in dem Bewusstsein, dass Jesus Christus mich von allen Seiten umgibt. »Ich sitze oder gehe, ich liege oder stehe, du hältst stets deine Hand über mir« (vgl. Ps 139). Diese Gewissheit schenkt Gottvertrauen, diese Freude vermittelt Geborgenheit.

In allen Lebenslagen bleibt Jesus Christus der Herr! Das ist eine Gewissheit, die wir uns nicht selbst aus dem Herzen hervorholen können. Sie ist Geschenk des Heiligen Geistes. Weil sie Geschenk des Heiligen Geistes ist, ist sie auch unabhängig von äußeren Umständen, von physischer und psychischer Veranlagung. Das ist etwas ganz, ganz Wunderbares. Freude in und aus Jesus Christus braucht nicht zu schwinden in Stunden der Anfechtung. Trübsal und Freude schließen sich nicht aus im Leben eines Menschen, der Jesus Christus gehört. Sie schließen sich deswegen nicht aus, weil wir auch dann, wenn wir Gottes Wege mit unserem Leben nicht verstehen, wissen können: Ich bin immer in des Herrn Jesu Christi Hand geborgen. Es gilt: »Wenn ich auch gar nichts fühle von deiner Macht, du führst mich doch zum Ziele, auch durch die Nacht« (Julie Hausmann). Das Wissen um diese Geborgenheit ist nicht abhängig von unserem Fühlen, sondern von Jesu Zusage: »Ich bin bei euch alle Tage« (Mt 28, 20). »Alle Tage«, das gilt auch für die weniger schönen Tage unseres Lebens.

Diese Glaubenshaltung: »Jesu, meine Freude, Trost in allem Leide ... «, »In dir ist Freude in allem Leide ..., du der wahre Heiland bist... « bleibt nicht verborgen. Dieses Getrost- und Zufriedensein auch in schweren Lebensführungen lässt andere aufhorchen. Menschen, die getrost sind, die sich in Jesus Christus geborgen wissen, lassen ihre Güte auch andere Menschen spüren – und zwar alle Menschen gleich. »Seid gütig zu allen Menschen«, das ist ein Stück gelebte Barmherzigkeit. Also nicht nur denen sich in Güte und Liebe zuwenden, die uns sympathisch sind. Nein, auch denen, die uns allein schon durch ihre Gegenwart zur Anfechtung werden. Weil Jesus Christus durch seine Kraft in uns mächtig sein will – und wenn wir ihm die Regie unseres Lebens einräumen, auch ist –, vermögen wir es, auch Menschen, die uns gar nicht liegen, mit Verständnis zu begegnen. Es gehört zum Geheimnis Gottes – und das ist etwas ganz Großes –, dass Freude, die wir nicht bereit sind an andere weiterzugeben, ein Stück Freude ist, das uns selbst verloren geht. Es macht aber unser Leben reich und glücklich, unsere Freude mit anderen zu teilen. »Denn die Freude, die wir geben, kehrt ins eigene Herz zurück ... !« Für uns gilt: »Ich will euch zu Inseln der Freude machen mitten im Meer der Verzagtheit.«

Motivation dieser Lebenshaltung ist die Gewissheit, die in den Worten zum Ausdruck kommt: »Der Herr ist nahe!« Der Herr Jesus Christus ist gegenwärtig. Ja, er lebt durch seinen Heiligen Geist, seine Realpräsenz heute, in uns. Wir müssen dieses Wort doppelt verstehen, um es recht zu begreifen. Paulus und die Gemeinde in Philippi, die diesen Brief zuerst erhalten hat, rechnen fest damit, dass Jesus bald, d. h. zu ihren Lebzeiten, wiederkommt. Eine solche Lebens- und Glaubenshaltung gibt dem gegenwärtigen Augenblick den Ernst. Wenn Jesus bald wiederkommt, dann wird man sich bald für sein Tun und Lassen verantworten müssen; dann können wir die Entscheidungen, die schon längst fällig sind, nicht mehr aufschieben. Wer weiß, ob sie morgen noch möglich sind?! Dann müssen und wollen wir heute die Konsequenzen ziehen.

Das andere, das dahinter als Antriebskraft steht, ist das Wissen: Wenn Jesus Christus so nahe ist, dann nimmt das der Gegenwart allen Druck. Dann sind wir nämlich wirklich geborgen. Alles Schwere und Belastende dürfen wir dann an ihn abgeben. Er trägt mit mir. Er sorgt für uns! »Der Herr ist nahe!« Er ist immer da! Er ist uns heute nah! Das gilt! Er ist Augenblick für Augenblick nahe!

Weil Jesus Christus nahe ist, brauchen wir uns auch nicht zu zersorgen, uns abzumühen, zu zermürben, fix und fertig zu machen. »Macht euch keine Sorgen!«, keine unnötigen Sorgen, meint Paulus. Was ist Sorge? Sorge ist doch der Versuch des Menschen, sein Leben selbst in die Hand zu nehmen und in eigner Regie zu meistern; selbstherrlich über seine Zukunft zu verfügen. Sorge ist letztlich immer Angst vor dem Kommenden. Doch Herr all des Kommenden ist und bleibt Jesus Christus. Das nimmt aller Sorge jede Existenzberechtigung. Jesus ist der Herr über das Gestern, das Heute und das Morgen! Das gilt! Wenn wir in seiner Gemeinschaft leben, brauchen wir vor dem Morgen keine Angst zu haben. Er ist der Stärkere! Damit sind grundsätzlich die zermürbenden Probleme von ihm her beantwortet. Darum sollen an Jesus Christus glaubende Menschen sich nicht zersorgen, sondern das Gespräch mit ihm suchen, beten. Sorgen und beten lässt sich auf die Dauer nicht mit-einander vereinbaren. Wenn wir im Gespräch mit Jesus Christus sind, dürfen wir unsere Sorgen an ihn abgeben. Er sagt: Lass mich mal für dich sorgen! Denn er hat ja zugesagt, für uns zu sorgen. Deswegen: »Lasst eure Bitten in jedem Fall« – sagt Paulus – »dankbar und betend Gott wissen.« Das ist ein einzigartiges Lebensangebot. Alles, was uns beschäftigt, was uns umtreibt und erfüllt, was uns Freude aber auch Sorgen macht, sollen und können wir ins Gespräch mit Jesus einfließen lassen. Er vertritt unsere Sache kompetent vor Gott. Wir sollen das mit Dank tun; Dank im Voraus, dass Jesus alles recht machen wird. Welche Ruhe, welchen Frieden bringt das in unser Herz und Gemüt, unseren Körper und unsere Nerven. Der ganze Mensch wird befriedet.

Wer in seinem Leben das Danken vergisst, steht sich selbst im Weg, er trennt sich von einem durch Gott qualifizierten Leben. Dankbar sein macht glücklich. Es befreit und macht froh. Wer dankbar lebt, lebt bewusst. Wer bewusst lebt, lebt intensiv. Wer intensiv lebt, dessen Leben ist reich. Dankbarkeit bindet an den Geber. Der bleibt, auch wenn die Gaben der Vergangenheit angehören. Wer sich im Danken an ihn bindet, bleibt auch.

Wenn wir Jesus Christus alles im Gebet gesagt haben, was unser Herz bewegt, können wir stille werden. Er wird's wohl machen. Wer ihn walten lässt und allezeit auf ihn hofft, wird nicht zuschanden. Gott wird uns das Erbetene, wenn es uns, den Bittenden, zuträglich ist, geben. Dieses Wissen entkrampft, macht getrost, gibt Zuversicht.

Wer dankt, steht im Schutz des göttlichen Friedens. Der Friede Gottes, der so viel mehr ist als unsere Gedanken verstehen, ist erlebbar. Er legt sich als Geborgenheit wie ein Schutzwall um unser Herz und unsere Gedanken. Er umhüllt uns wie ein Mantel, damit die negativen Gedanken uns nicht in die endlose, nach unten ziehende Traurigkeit verstricken können. Nichts, niemand kann uns aus dieser Geborgenheit reißen, denn Jesus Christus ist Garant dafür. Was er zusagt, das hält er auch!

Dieser Grund zur Freude ist auch für uns der Grund zur Freude!

Zum Schluss ein paar Merksätze verbunden mit Worten der Bibel. Sie wollen das Gesagte nochmals zusammenfassen und vertiefen und zum Nachdenken anregen:

* Ich will mich freuen! Der Prophet Habakuk bekennt: »Ich will mich freuen des Herrn und fröhlich sein in meinem Gott« (Hab 16).
* Ich freue mich, dass ich bin! David bekennt: »Ich danke dir dafür, Gott, dass ich so wunderbar gemacht bin« (Ps 139, 14).
* Ich freue mich heute! Der Psalmist stellt fest: »Dies ist der Tag, den der Herr macht, lasst uns freuen und fröhlich an ihm sein« (Ps 118, 24).
* Ich freue mich auf die Ewigkeit! Jesus sagt: »Freut euch, dass eure Namen im Himmel aufgeschrieben sind« (Lk 10, 20).
* Freude beginnt mit den kleinen Dingen! David stellt fest: »Ich will mich freuen und all das Gute nicht vergessen, das ich vom Herrn empfangen habe« (Ps 103, 2).
* Freude gewinnt, wer Freude macht! Paulus ermutigt uns: »Eure Freundlichkeit lasst alle Menschen erfahren« (Phil 4, 5).

»Das ist meine Freude, dass ich mich zu Gott halte und meine Zuversicht setze auf Gott, den Herrn« (Ps 73, 28).

»Die auf den Herrn sehen, werden erquickt, und ihr Angesicht wird strahlen vor Freude« (Ps 34, 6).

Ich wünsche Ihnen gute, wohltuende Erfahrungen, wenn Sie Ihr Herz ganz bewusst in der kommenden Zeit ermutigen: »Geh aus, mein Herz, und suche Freud ...!« Gott will sie Ihnen schenken!

Kassette:
Kurt Scherer, *Tränen, die den Staub von der Seele spülen* (Seite B), Bestell-Nr.: 11199, ERF-Verlag, Wetzlar

Weitere Bücher des Autors

Zitierte Kostbarkeiten
Ehe-TÜV
Merk-würdig
Mit Streß leben
Mein Gott, mein Gott warum?
Geborgenheit
Konflikte bewältigen
Vergebung – das zentrale Problem

Weitere Kassetten des Autors

Bestell-Nr.	Titel
11015	Die Macht der Gedanken Situationsbezogenes und verheißungsbezogenes Denken
11029	Paul Gerhardt – der Psalmist der Christenheit; sein Lebensbild anhand seiner Lieder
11094	Gedanken zum Herbst des Lebens mit ermutigenden Liedern
11099	Aber wir verzagen nicht Lebens- und Glaubenshilfen für Menschen in der Anfechtung
11109	Heilwerden Innere Heilung; Handauflegung
11111	Fürchte dich nicht Ermutigung zum Gottvertrauen
11135	Mit der Bibel beten Psalmlesungen mit Musikbüchern
11137	Mit dem Gesangbuch beten Gesangbuchlieder und ihre Melodien
11183	Sterben – Aufgabe des Lebens Hoffnung über den Tod hinaus

Die Kassetten können Sie beziehen beim
ERF-Verlag in D-35573 Wetzlar.